走进"一带一路"丛书

浙江省社科联社科普及课题（19WT08）

喀尔巴阡山麓的神奇国度

罗马尼亚

陈亚轩　韩晓亚
[罗]黛安娜·艾莱娜·韦列什　编著

Romania

浙江工商大学出版社
ZHEJIANG GONGSHANG UNIVERSITY PRESS

·杭州·

图书在版编目(CIP)数据

喀尔巴阡山麓的神奇国度：罗马尼亚／陈亚轩，韩
晓亚，(罗)黛安娜·艾莱娜·韦列什编著. — 杭州：
浙江工商大学出版社，2019.11
　(走进"一带一路")
　ISBN 978-7-5178-3341-3

　Ⅰ.①喀… Ⅱ.①陈… ②韩… ③黛… Ⅲ.①罗马尼
亚—概况 Ⅳ.①K954.2

中国版本图书馆 CIP 数据核字(2019)第 154778 号

喀尔巴阡山麓的神奇国度——罗马尼亚
KAERBAQIANSHANLU DE SHENQI GUODU——LUOMANIYA

陈亚轩　　韩晓亚　　[罗]黛安娜·艾莱娜·韦列什 编著

责任编辑	白小平　　王黎明
封面设计	林朦朦
责任校对	何小玲
责任印制	包建辉
出版发行	浙江工商大学出版社
	（杭州市教工路 198 号　邮政编码 310012）
	（E-mail:zjgsupress@163.com）
	（网址:http://www.zjgsupress.com）
	电话:0571-88904980,88831806(传真)
排　　版	杭州朝曦图文设计有限公司
印　　刷	杭州高腾印务有限公司
开　　本	880mm×1230mm　1/32
印　　张	6.5
字　　数	152 千
版 印 次	2019 年 11 月第 1 版　2019 年 11 月第 1 次印刷
书　　号	ISBN 978-7-5178-3341-3
定　　价	49.80 元

‖ 目　录 ‖

◈ 开篇

◈ 上篇　罗马尼亚的前世

从达契亚到罗马尼亚　011

三国分立及与奥斯曼帝国的抗争　018

王国成立与首任国王　026

大罗马尼亚的统一　033

父承子位的国王与人民的母亲　038

◈ 中篇　罗马尼亚的今生

那山、那河、那海　049

欧洲神秘的"天堂一角"　056

各具魅力的传奇人物　076

绚丽神奇的民俗风情　094

◈ 下篇　中罗友谊谱新篇

追根溯源中罗交往史　107

一波三折的中罗第一次建交　124

高潮迭起的新中罗外交　128

浙罗交流渊源　156

罗马尼亚的"东方犹太人" 161

布加勒斯特的"义乌商品城"——红龙市场 174

中罗大港共筑"海丝之路" 180

克鲁日的孔子文化传播者 189

异乡感语 195

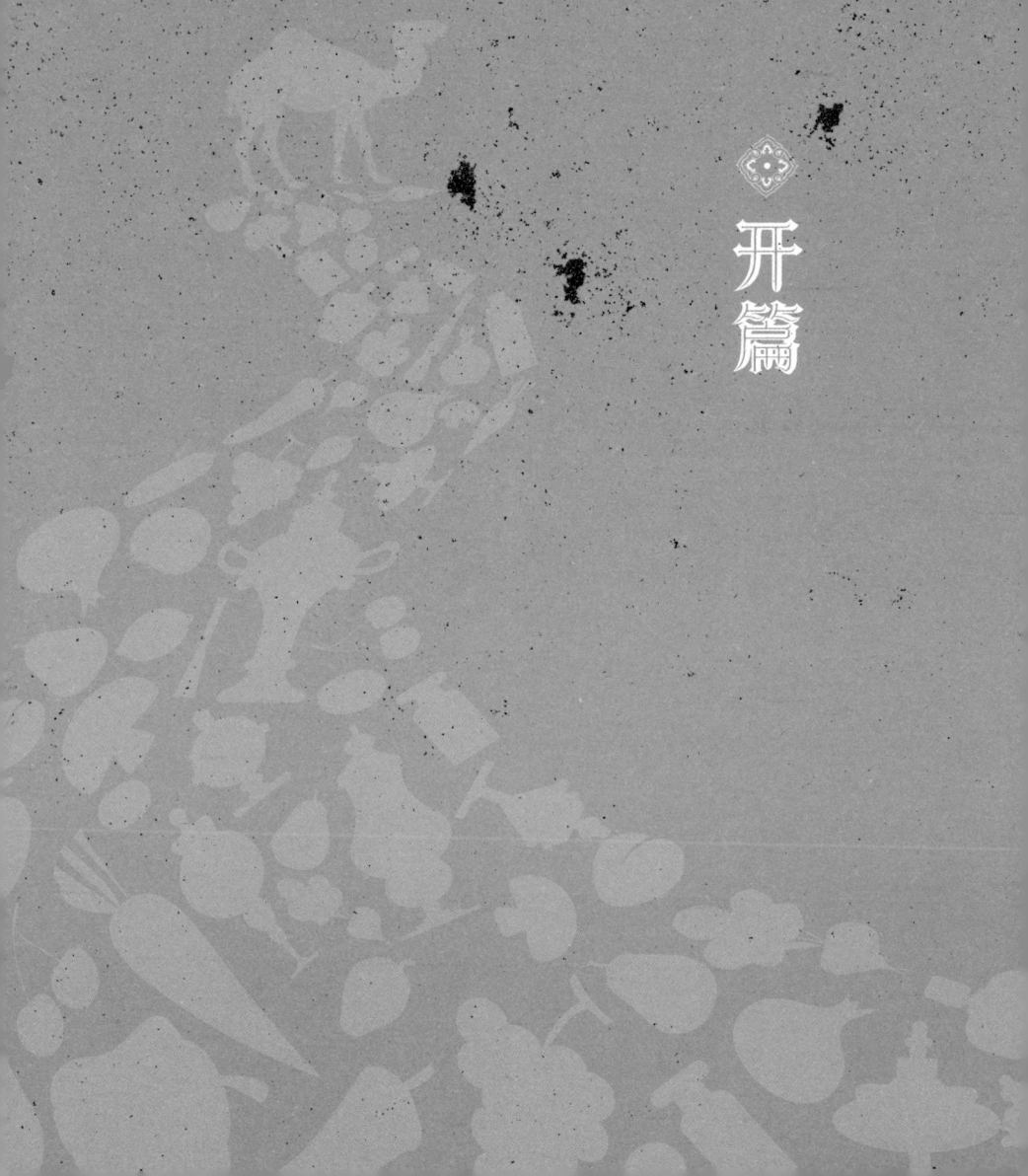

开篇

　　自 2013 年习近平总书记提出"一带一路"倡议以来,罗马尼亚作为"一带一路"沿线国家的重要节点,是中国企业进入欧洲的"桥头堡",人们对这个国家开始给予了更多的关注。

　　罗马尼亚位于巴尔干半岛东北部,国土面积约 23.8 万平方公里,是仅次于波兰的东欧大国。众多的地理标签揭示了这个国家独特的地理重要性及其衍生的文化特质。喀尔巴阡山脉绵亘在罗国 40% 的国土上,故而被称为"罗马尼亚的脊梁";那里蕴藏着丰富的矿产,因此也被人们称为"绿金"宝库。罗马尼亚东临黑海,海岸线长 245 公里,素有"黑海珍珠"之美称。多瑙河流经罗国境内 1075 公里,是多瑙河总长度的 37.6%,水资源丰富,风光绮丽,流传着许多浪漫而神奇的故事。

　　许多人会好奇地问:罗马尼亚和意大利的罗马有什么关系? 罗马尼亚国名 Romania 本义是"罗马帝国/拜占庭帝国"。这里最早是达契亚王国,公元 106 年被罗马帝国征服,成为罗马帝国富饶的边陲省份。后来,达契亚人和罗马人及后来入侵的日耳曼人和斯拉夫人等逐渐融合,形成罗马尼亚民族。他们都自称 Romanian(罗马尼亚人),意为"从罗马来的人"。可见,位于东欧的罗马尼亚和位于西欧的罗马在历史上有很深的渊源关系,也就不难理解为什么罗马尼亚语与意大利语有 77% 的词汇相似。

　　1949 年 10 月中罗正式建交,但两国的交往却远远早于这个时间。最初的交往可以追溯到公元 4 世纪左右,当时中国北方匈奴西迁欧洲,曾经到过罗马尼亚,并在那里统治过一段时间。据历史学家考证,这是最早到达罗马尼亚的中国人。另外,史书有记载的最早到达中国的罗马尼亚人则是于 1675 年受俄国沙皇派遣出使中国的尼古拉·斯帕塔鲁·米列斯库(以下简称米列斯库)。使华结束后他撰写了几部书籍,尤其是《中国漫记》对中国的政治、经济、文化习俗及全国各地的基本情况都进行了详细的描述,为 17 世纪的欧洲了解中国提供了重要的信息。1939 年 10 月,中罗两国在历经多次波折后曾正式建交,然而由于种种原因,两国在 1941 年 7 月不欢而散,断绝外交关系。直到 1949 年中华人民共和国成立,两国重新建交,且一直保持良好的外交关系,"堪称国与国关系的典范"。

罗马尼亚素有"天堂一角"的美称,与享有"人间天堂"之誉的杭州也有着割不断的联系。米列斯库撰写的《中国漫记》对杭州和浙江的描写给欧洲人留下了极其美好的印象。改革开放后,富裕起来的浙江人走向了世界各地,在罗马尼亚的中国人最多时达到 2 万多人,目前仍有 8000 多人,其中多数是浙江人,尤其以青田和温州人居多。他们吃苦耐劳,精于做生意,创造了极大的财富,因此有着"东方犹太人"的称誉。罗马尼亚首都布加勒斯特的红龙市场是东欧商品集散地,大多数商户是浙江人,经营的商品大多来自中国,因此红龙市场在当地被称为"中国商品城"和"义乌商品城"。"一带一路"倡议提出后,浙江省积极加强与罗马尼亚的交流与合作,并形成了地区特色。宁波利用其港口优势,加强与罗马尼亚康斯坦察港的合作建设,已成为"海上丝绸之路"建设的标杆城市,并已连续成功举办 5 届中国—中东欧国家投资贸易博览会,为中罗两国的贸易交流和企业的投资与合作提供了重要的平台。

　　本书不仅带领读者了解罗马尼亚的历史和国情,再现罗马尼亚历史名人和事迹,感受罗马尼亚神奇而独特的风光与习俗,而且与读者分享中罗两国交往的历史渊源,了解罗马尼亚与浙江的交流现状,展示罗马尼亚人在浙江的生活和工作,以及浙江人对罗马尼亚的印象,是一部全面了解罗马尼亚的读物。

上篇

罗马尼亚的前世

很多人都很好奇：为什么罗马尼亚会有"罗马"二字？位于意大利亚平宁半岛上的古罗马帝国声名显赫、无人不知，而罗马尼亚远在巴尔干半岛东部，在罗马城2000公里开外，这两个似乎不相联系的地方却透露着许多文化上的相似性。

在意大利罗马博物馆有一个非常有趣的铜雕——一只母狼护着两个男孩。这个铜雕讲述了"母狼乳婴"的故事，是罗马的市徽，也是关于罗马古城创建的传说。据传，公元前8世纪，罗马国王努米托雷被其胞弟阿姆利奥篡位驱逐，其子被杀死，女儿西尔维娅与战神马尔斯结合，生下孪生兄弟罗慕洛和雷莫。阿姆利奥把这两个孪生婴儿抛入台伯河。落水婴儿幸遇一只母狼用奶汁哺喂成活，后被一猎人养育成人。后来，两兄弟长大后杀死了阿姆利奥，并迎回外祖父努米托雷，助其重登王位。努米托雷把台伯河畔的7座山丘赠给他们建新城。后罗慕洛私定城界，杀死了雷莫，并以自己名字命名新城为罗马。这一天是公元前753年4月21日，后定为罗马建城日，并将"母狼乳婴"图案定为罗马市徽。

然而，在罗马尼亚许多城市，包括首都布加勒斯特，人们会看到和罗马城里一样的"母狼乳婴"雕塑。为什么这个雕塑也会出现在罗马尼亚呢？另外，罗马尼亚的语言、建筑和文化等与意大利也有着很高的相似度。这两个国家在历史上究竟有过怎样的交集呢？

在罗马尼亚的众多传说中,关于狼的传说是最著名的。狼被认为是罗马尼亚领土上最强壮的动物,也是罗马尼亚人的祖先——达契亚人的象征。传说中有一位白发长须的祭司具有驯服动物的能力,曾在达契亚的领土上帮助当地的人们,并使森林里的所有动物都成了他的好朋友。后来动物们便将祭司认定为它们的领袖,尤其是狼,总是环绕在他的身边。祭司在森林里生活了几年后,自然和生育之神萨莫尔西斯把祭司变成了一只又高大又强壮的白狼,让他统治狼群,保卫达契亚的领地。每当达契亚人处于危险之时,狼群就会赶来帮助他们。因此狼被认为是达契亚人的象征,是唯一不能被驯服的动物。无畏的战士将自己与狼联系在一起,认为自己是狼或者类似狼的人。罗马尼亚人还认为自己拥有狼的特征:令人恐惧、不可能被驯服、自由、强壮、诚实和可靠。直到今天,热爱祖先历史的罗马尼亚人仍然崇拜狼,并认为它是罗马尼亚人的保护者。那么,罗马尼亚人的祖先真的是像狼那样骁勇和不被驯服吗?

关于这一切,本书将为读者揭开谜底。

从达契亚到罗马尼亚

公元前 2000 年左右，属于印度—欧罗巴人种的色雷斯部族从他们原来居住的希腊色雷斯地区北上，来到巴尔干半岛北部的多瑙河流域地区居住。他们与当地的原有居民相互融合，逐渐形成了现代罗马尼亚民族的直系祖先之一盖塔—达契亚人。习惯上，人们将生活在北部喀尔巴阡山区和特兰西瓦尼亚高原的部族称为达契亚人，而生活在南部多瑙河平原的部族则被称为盖塔人。

盖塔—达契亚人居住的领域由于土地肥沃，物产丰饶，引起周边国家如波斯、马其顿和罗马等大国的觊觎。盖塔—达契亚人为抵御外人入侵，与这些国家不断发生流血暴力冲突。在共同抵御外敌的斗争中，盖塔—达契亚各部落之间逐渐形成军事同盟，经济和感情的纽带也更加紧密，这为日后统一国家的形成奠定了基础。

公元前 1 世纪，伟大的达契亚政治领袖及军事统帅布雷比斯塔在历史上首次成功地将散居在喀尔巴阡山地区、多瑙河流域、尼斯特鲁河流域和巴尔干山地区的达契亚人和盖塔人的各部落联合起来，成立了第一个中央集权的独立的达契亚王国。王国疆域北起喀尔巴阡山，西抵多瑙河中游，东达黑海沿岸，南到巴尔干山。达契亚王国以萨米泽盖图萨为都城，对外与希腊人、塞西亚游牧民及巴尔干西南的伊利里亚、南色雷斯部落展开商业、政治和文化交流，吸收与借鉴古希腊—罗马文明、凯尔特人及东部游牧部落文明。

达契亚建国定都后,国家内政巩固,国富兵强,并有能力介入其他国家事务。比如公元前48年,布雷比斯塔对罗马内战进行干涉,在盖乌斯·尤利乌斯·恺撒(史称恺撒大帝,公元前102年—公元前44年)与其政敌庞培的争斗中支持庞培,向其提供军事援助。恺撒在击败庞培后,意欲对达契亚实施报复,计划对达契亚发动一次远征,罗马与达契亚的冲突如箭在弦。然而,就在公元前44年,远征计划实施之前,恺撒被刺杀;布雷比斯塔也在同一年被一些大臣刺杀身亡。罗马对达契亚的报复暂时被搁置,达契亚王国也在布雷比斯塔死后再次分裂成许多小国。但是此后的120年的时间内,达契亚人仍一直处于罗马的威胁之下,达契亚和罗马帝国的关系持续紧张,军事摩擦时有发生。

直到公元87年,继布雷比斯塔之后的另一位伟大首领德切巴尔重新统一达契亚。公元87年春,罗马皇帝图密善(51—96)派兵远征达契亚,被身经百战、战略过人的德切巴尔击败。次年,罗马远征军再次进犯,直逼达契亚首都萨米泽盖图萨。于是,德切巴尔派遣了一个使团前往罗马议和,并最终签订了一份对达契亚有利的和约。根据条约,罗马承认达契亚是一个独立的国家,德切巴尔是达契亚国王,但作为达契亚名义上成为罗马附庸国的补偿,罗马每年需向达契亚支付一定的财政和物资援助,还要提供武器、建筑工程师和其他的战争设备。德切巴尔将罗马的军队纪律和作战方法引入他的军队,并用罗马补偿的钱款和他们的设计与技术加强首都萨米泽盖图萨的防御工事,大力兴建要塞和堡垒。这一和平状况持续了12年,但是对于罗马元老院来说,给达契亚人提供补偿实在是忍无可忍的奇耻大辱;同时,达契亚对罗马帝国的威胁也日益增大。

在这一时期,没有后嗣的罗马帝国第 12 位皇帝马库斯·寇克乌斯·涅尔瓦(35—98)正在寻找自己的继承人。他最终挑选了马库斯·乌尔皮乌斯·图拉真(53—117)作为自己的继承人,并得到元老院的确认。图拉真出生于西班牙,是第一个在意大利以外出生的罗马帝国首脑。他一生下来就被当作一名战士来培养。涅尔瓦在 98 年去世后,图拉真被正式宣布为罗马皇帝。

图拉真继位后,便认识到帝国正处于危险的边缘,他立即去达契亚边境察看,为攻打达契亚王国做准备。他下令修建新的军事道路,以使他的部队能够迅速地移动到多瑙河。101 年春,一支庞大的罗马军队抵达达契亚首都西面不远的塔佩,但遭到达契亚人的猛烈反击而不得不撤退。次年,罗马军队发动第二次攻击,直捣达契亚首都城下,这一次,德切巴尔的军队大伤元气,不得不同罗马人讲和了。最终,德切巴尔被允许保留王位,但必须接受罗马在达契亚土地上驻防军队并接受罗马派遣内政顾问的条件。为了加强与达契亚的联系,图拉真从大马士革招来当时最著名的建筑师在德罗贝塔(今德罗贝塔—塞维林堡)修建了一座横跨多瑙河的大桥。该大桥被视为建筑设计的杰作,其遗迹至今依稀可见,该设计师后来还设计了罗马的图拉真广场。106 年 7 月,德切巴尔为摆脱罗马的控制再次发动战争,然而由于叛徒的出卖被罗马庞大的军队彻底击败。德切巴尔出逃后被追击,不久自杀身亡。狂喜的图拉真在回到罗马时举行了盛大的凯旋仪式,以庆祝他对达契亚王国这一决定性征服。欢庆仪式一直持续了 123 天。为了纪念对达契亚征服战争的胜利,图拉真于 113 年在罗马城的图拉真广场树立起一座高达 130 英尺的巨型雕刻圆柱,记载征服达契亚的过程,被称为图拉真圆柱。达契亚战争和图拉真的胜利,因这一宏伟的纪念雕柱而万世流传。圆柱为石制,环绕着柱体一共刻有2500个浅浮雕人物,每一块嵌板上都描绘了不同的战争场景。其中描绘的达契亚人穿的斗篷、束腰外衣及贵族所戴的帽子,迄今仍能在罗马尼亚的一些乡村见到。而另一个场景描绘了达契亚人在罗马征服者到来之前焚烧自己的首都萨米泽盖图萨,分喝大桶中的毒药,有些人已经躺在地上垂死挣扎,他们宁愿自杀也不愿意被俘虏。

公元106—271年期间,达契亚被并入罗马帝国,称为达契亚行省,距离德切巴尔时代的旧都萨米泽盖图萨32公里远的地方,一座全新而宏伟的城市——乌皮亚·图拉真乌斯拔地而起,成为新的省会城市,由一名指定的总督管理达契亚。新省会享有较高的法律和行政地位,居民可充分享受罗马公民的权利并履行义务。达契亚成为罗马帝国中城市化程度最高的一个行省,至少有11个城市。这些城市按照罗马城的样式建立,也拥有罗马人所拥有的便利设施,如剧院、水渠、下水道和浴室等。罗马军队驻扎在各军事要塞,充当着帝国的最前哨,以防御周围众多虎视眈眈的“部落”。作为帝国统治该省的象征,罗马帝国在达契亚行省共驻扎有约40000名士兵。

在被罗马占领时期,达契亚出产的粮食、牲畜和金银等源源不断地运往罗马帝国。罗马殖民者大批进入达契亚进行开发,修建城市、道路和桥梁,这使达契亚人在遭受苦难的同时,也感受到一些积极因素。达契亚的经济发展水平达到新高度,农业、牧业、贸易、冶金和手工业取得了全面进步。在精神和文化领域,开始罗马化进程。这一进程在罗马尼亚人的血统、语言和习俗中留有深刻的印记。达契亚人与罗马人共居融合,成为罗马尼亚民族的共同祖先:盖塔—达契亚人是基础,罗马人则占第二位。罗马殖民者还迫使达契亚融入罗马文化,使用拉丁语作为交流的唯一工具,因为在城市中的罗马人数量多于当地居民,这就使得在城市中居住和生活的达契亚人必须学会说拉丁语。他们所学的拉丁语并不标准,而是普通战士和公务员们说的带有口音的拉丁语。在乡村,罗马拓殖者和罗马军团的老兵们被允许租借大量的土地,他们便在那里建起自己的房子并定居下来,而且雇用当地人来耕种土地。当地的达契亚人数量虽然多于罗马人,但因为要为罗马人工作,所以大多数人也学会了拉丁语。公元212年,罗马皇帝卡拉卡拉(186—217,本名安敦尼努)颁布敕令,规定除降人和奴隶外,予帝国境内所有自由居民以罗马公民权,这其中也包括达契亚人,并钦定拉丁语为官方语言。

渐渐地,经过几代人之后,由于罗马文化及其生活方式的影响、宗教的改变,以及各民族相互之间的通婚,这块土地上最终出现了一群新的、讲平民拉丁语并夹杂着一些达契亚词汇的达契亚—罗马人,他们从外表上看起来与罗马人相似,但是保留了一些古老的达契亚风俗和传统。罗马尼亚文化正是在这样两种文化交融中逐渐发展起来的。公元5世纪,达契亚人已经初步完成了罗马化。尽管人口由许多不同的种族构成,但罗马的行政管理、众多的城市和拉丁语使得达契亚高度罗马化,并迅速与罗马帝国统一。这段历史时期也是罗马尼亚公民和语言逐步形成的时期,到了公元10世纪末全部完成。从语源、结构和词汇来看,罗马尼亚语属于罗马语的一种,也是在罗马帝国的巴尔干各省通用的拉丁语的唯一直接继承者,罗马尼亚语中大约有60%的词汇直接从拉丁语派生出来,被普遍用于日常生活,涉及人们的日常生活和行为、政治和宗教等方面。

宗教在罗马尼亚人的演进过程中占据着举足轻重的地位。在被罗马人征服之前,盖塔—达契亚人就敬奉扎尔莫克西斯教,这种宗教信仰使得他们很容易接受罗马传教士的劝化而皈依基督教。公元313年,基督教被公布为罗马帝国的国教,并由罗马传教士向喀尔巴阡山—多瑙河地区传播。从那以后,多数达契亚—罗马人皈依了基督教,因而与罗马帝国和整个拉丁世界建立了牢固的联系。

虽然达契亚沦为罗马帝国的一个行省达200多年,但并不是所有达契亚国土都沦陷,如马拉穆列什、克里沙纳和摩尔达维亚北部从未落入图拉真之手,那里依旧生活着自由的达契亚人。他们保留了达契亚传统文化,并不时南下袭击罗马驻军,给罗马的军事统治带来严峻挑战。随着罗马帝国黄金时代的过去,罗马不仅内部出现重重危机,还遭到哥特人不断侵袭,加上恶性传染病的传播造成的大量人口减少,国力不断衰弱,其在达契亚的统治也摇摇欲坠。达契亚是最后一个划入罗马帝国版图的行省,同时也是第一个被罗马帝国放弃的地方。大部分领土被罗马帝国在271—275年间抛弃,转让给与之联盟的多个部落。罗马军团和政府公务人员在275年撤出达契亚,留下达契亚—罗马的农民和牧民自谋生路。这些留下来的达契亚—罗马人同南部罗马化的、带有色雷斯或达契亚血统的人们融合在一起,成为罗马尼亚的祖先,并演进成为今日的罗马尼亚人。

7世纪开始,大量斯拉夫人迁居到多瑙河下游地区,把两岸的达契亚—罗马人隔离开来,并迫使南岸的达契亚—罗马人迁移到巴尔干半岛的西部和东南部。迁出的达契亚—罗马人与当地各民族融合,数量不断减少。多瑙河以北的达契亚—罗马人在极其艰难的条件下作为一个民族生存下来,并逐渐同化了定居在此地的斯拉夫人。斯拉夫人在达契亚—罗马境内虽然逐渐与本地人融合,但其语言却在达契亚—罗马留下了深刻印记。许多斯拉夫词汇进入多瑙河拉丁语的口语中,导致达契亚—罗马人的语言发生了明显的变化,成为"原罗马尼亚语",其中大约有 20% 的词汇来源于斯拉夫语,这一融合一直持续到 12 世纪。当时的《圣经》和礼拜仪式也被译成斯拉夫语,成为当时罗马尼亚的教会语言,并且直到 17 世纪一直被当作官方语言。原罗马尼亚语中其他的词汇则是从其他的迁徙部落的语言中派生出来的,如佩琴尼格语和库曼语、希腊语、匈牙利语及突厥语。

然而由于罗马人从达契亚撤出,喀尔巴阡—多瑙河地区的居民便不再像以前那样引起历史学家的兴趣,入侵者又大多是游牧民族,所以之后一段时间的史料很少关注这一地区。因此"原罗马尼亚人"过渡到罗马尼亚人的确切发生时间也就无从所知。直到 13 世纪鞑靼(金帐汗国)人入侵之后及封建社会初期,历史学家们在史料中首次使用了"罗马尼亚人"这一称谓。13 世纪,尽管原达契亚行省相继被多个其他部落统治,但当地居民仍自称为"罗马尼人",即"罗马人",他们常用的拉丁方言则被称为"罗曼内斯卡语",即"罗马人的语言"。

可见,罗马与罗马尼亚人在血统上确实有着极其深厚的渊源,由此也不难理解为什么如今的意大利与罗马尼亚在语言、文化和习俗等方面有着种种的相似。

三国分立及与奥斯曼帝国的抗争

　　罗马人撤离达契亚时，大多数城市居民也跟他们一起离开了。留在喀尔巴阡山—多瑙河流域的原住民主要是居住在乡村的农民，因此形成了一个农业和畜牧业的社会。那时候，当地居民由经村民选举产生的"长老"进行统治，负责决定与集体相关的事务。他们被称作"柱子"或"克奈兹"。10世纪时，一个前封建社会体系逐步出现，这些"柱子"开始得到宗主如匈牙利国王赏赐的土地；作为回报，"柱子"们需要向宗主效忠或者承担军事义务。这些土地拥有者被认为是"贵族"。为了更好地保护他们的土地及土地上的劳动者，这些贵族中的一些人相互结成联盟，并创造出了被称作"克奈扎特"的政治小团体，规模更大的则被称为"沃尔沃达特"。这些组织的领导者被称为"克奈兹"或"沃尔沃达"，都是一些公爵或贵族。在之后的罗马尼亚国家统一道路上，许多伟大的沃尔沃达为抵抗外族入侵，争取民族独立和统一，做出了令世人瞩目的成就。

　　罗马军队和政府公务人员撤回罗马后，喀尔巴阡山—多瑙河地区遭到了其他民族的不断入侵和统治。匈牙利人在11世纪将喀尔巴阡山北部的领土（特兰西瓦尼亚）变成匈牙利王国的一部分；喀尔巴阡山脉以南的许多小公国在1330年并入独立的罗马尼亚瓦拉几亚公国；喀尔巴阡山脉以东的摩尔达维亚公国在1359年获得独立。由此，到了14世纪，瓦拉几亚、摩尔达维亚和特兰西瓦尼亚三国分立的局面形成了。15世纪中叶后,瓦拉几亚和摩尔达维亚又成为奥斯曼帝国辖下的自治公国。特兰西瓦尼亚则长期处于匈牙利和奥地利的统治之下。

三公国的形成

在罗马军队撤退以后的将近 1000 年里,接踵到来的迁徙部落又纷纷侵入喀尔巴阡山—多瑙河地区,大多数游牧民族要么穿越现在罗马尼亚境内领土,要么在那里定居,或者定居几年后再迁徙,这一过程就会产生大规模的掠夺行为。公元 275—567 年间,东部摩尔达维亚、南部瓦拉几亚、西部特兰西瓦尼亚等地区先后被西哥特人、维克托人、匈奴人等占领,直到公元 7 世纪才进入相对稳定的时期。10 世纪初,罗马尼亚已出现一些初等形式的封建小国,最早出现在特兰西瓦尼亚。这些小国家的处境十分险恶,它们面对的是来自刚刚兴起的西部邻邦匈牙利的不断扩张。10 世纪末,匈牙利的注意力开始转向罗马尼亚人居住的地方,向特兰西瓦尼亚渗透。尽管受到罗马尼亚诸小国的抵抗,匈牙利还是在 11—13 世纪逐步占领了特兰西瓦尼亚。迫于罗马尼亚人的顽强抗争,匈牙利不得不承认特兰西瓦尼亚自治公国的地位,于公元 1176 年成立特兰西瓦尼亚公国。自治国虽然处于匈牙利王国的统治之下,但享有高度的自主权,拥有与匈牙利本土不同的国家结构。这种状况一直持续到 16 世纪,匈牙利被奥斯曼帝国打败后,不得不放弃对特兰西瓦尼亚的控制。

匈牙利统治特兰西瓦尼亚期间,为巩固新得到的疆土,排挤罗马尼亚人的势力,自 1141 年开始,鼓励撒克逊人和塞克勒人等日耳曼部族向特兰西瓦尼亚移民。来自威斯特伐利亚、黑塞、图林根和巴伐利亚的撒克逊人定居在希尔本柏根,讲匈牙利语的塞凯伊人殖民了克里萨那的部分地区和特兰西瓦尼亚东部。外来人口数量的增加使原主体民族罗马尼亚人在特兰西瓦尼亚人口中所占比例不断下降。部分罗马尼亚人还被迫迁移,退向喀尔巴阡山区的南部和东部。日耳曼人带来了西欧的文化,促进了城市的建设进程,还成立了西欧模式的行会组织,推动贸易的发展。撒克逊人最早定居的 7 个村镇后来都成了重要的商业文化中心。

当匈牙利完成了对特兰西瓦尼亚的征服后,他们将目光集中到了喀尔巴阡山的南部和东部地区。除了匈牙利,波兰和鞑靼在当时亦是强国,它们对喀尔巴阡山—多瑙河、黑海地区也虎视眈眈,具有强烈的扩张愿望。面对这种局势,罗马尼亚诸小国逐渐团结起来,形成较大的公国。于是,瓦拉几亚公国和摩尔达维亚公国在喀尔巴阡山南部和东部逐步形成并得到巩固。

1247 年,匈牙利国王给予圣若望骑士团(耶路撒冷的圣若望医院组织的一个军事与宗教修会,是 12 世纪由十字军发起的对抗穆斯林的组织)特许状,让他们保护匈牙利王国免受逐渐强盛起来的鞑靼人的侵略。作为回报,骑士团将被赏赐领地,但同时规定将沃尔沃达立托维和赛奈斯落两块地区保留给罗马尼亚人,因为他们一直拥有这些地方。13 世纪末,一些来自特兰西瓦尼亚的罗马尼亚贵族想在尚未独立的罗马尼亚领土上扩展权利,因此,赛奈斯落地区变成沃尔沃达们争抢的重地。这一对于统一具有相当刺激作用的运动,最终在 1310 年由伟大的沃尔沃达巴萨拉布一世完成。

1310 年,巴萨拉布一世的名号见诸史册,瓦拉几亚公国登上历史舞台,领土从喀尔巴阡山扩张到了多瑙河三角洲和黑海,之后他拒绝向匈牙利国王缴纳任何贡赋。在其漫长的统治年代,他为瓦拉几亚公国的建立和壮大立下了不朽的功勋。14

世纪初,鞑靼向喀尔巴阡山—多瑙河下游地区步步紧逼,匈牙利在安茹王朝统治下继续向巴尔干扩张,瓦拉几亚公国的局势十分严峻。1330年秋,匈牙利国王查理·罗伯特(1288—1342)率军入侵瓦拉几亚,想要恢复他在这一地区的权威。11月匈牙利军队连续三日对瓦拉几亚的阿尔杰什要塞展开围攻,不克,还遭到巴萨拉布军队的突袭。两军进行激烈战斗,最终匈牙利惨败,查理·罗伯特乔装改扮之后才得以逃脱。

巴萨拉布完成了瓦拉几亚公国的独立,成为瓦拉几亚的巴萨拉布国王,并定都阿尔杰什,这使他在国际范围内获得了广泛赞誉。此后,巴萨拉布为了全力应对鞑靼的威胁,主动与匈牙利修好,两国的关系在14世纪40年代得到改善。他作为巴萨拉布大帝为人们所铭记,因为他结束了匈牙利国王对瓦拉几亚的统治,并击败了鞑靼人的不断入侵,瓦拉几亚由此经历了一段稳定和繁荣的时期。

在特兰西瓦尼亚和瓦拉几亚分别成为匈牙利的自治公国和独立公国时,喀尔巴阡山东面的摩尔达维亚还被鞑靼人占领着。为了保护特兰西瓦尼亚边界,免受鞑靼人的后续进攻,并加强匈牙利在这片地区的影响力,1352年,匈牙利国王派遣了一支远征军翻越喀尔巴阡山脉去建造加固的缓冲城市。随后鞑靼人被赶离了这里,一群匈牙利人和撒克逊人在摩尔达维亚地区定居拓荒。一个名叫德拉格斯的人被匈牙利王国邀请统治此地,他就是摩尔达维亚公国的第一任统治者。随后,德拉格斯的儿子萨斯和孙子巴尔克相继继位。后来的摩尔达维亚大公一直都在尝试摆脱匈牙利的管辖,争取独立。1359年,一个名叫博格丹的罗马尼亚沃尔沃达率领200余名追随者穿越喀尔巴阡山脉,与当地贵族们一起展开与匈牙利的斗争。巴尔克逃往特兰西瓦尼亚,而摩尔达维亚则成为继瓦拉几亚之后第二个独立的公国。博格丹一世从1359年统治到1365年,统一了喀尔巴阡山以东至德涅斯特河之间的大部分地区,建立了包括比萨拉比亚在内的摩尔达维亚公国。

与奥斯曼帝国的抗争之路

随着摩尔达维亚和瓦拉几亚摆脱匈牙利的管辖而成为新的自治公国,大批鞑靼部落也被赶出了罗马尼亚。然而,一个新的威胁袭来,那就是来自小亚细亚的由奥斯马利土耳其人掌控的奥斯曼帝国。奥斯曼帝国利用军事战争、结盟和直接购买等方式进行扩张。14世纪,随着奥斯曼土耳其帝国的强大,他们在占据了南欧大部分地区后,加快了入侵中欧的步伐,发动了对匈牙利的扩张战争,包括对匈牙利附庸国特兰西瓦尼亚的进攻,从此奥斯曼帝国成了罗马尼亚各公国的新威胁。当时的罗马尼亚大致分为三个公国,即瓦拉几亚、摩尔达维亚与特兰西瓦尼亚。面对奥斯曼帝国的步步紧逼,尽管双方力量悬殊,三个公国还是进行了长达百年的维护民族独立的战争。各公国君主依靠农民、小地主和商人,进行了维护民族独立的斗争。在这场斗争中,各公国的君主和贵族建立了功勋,其中有瓦拉几亚的米尔恰一世、瓦拉几亚的刺王弗拉德三世·德古拉、摩尔达维亚的斯特凡大公、特兰西瓦尼亚的总督雅诺什·匈雅提。他们各自为政或相互联手,对奥斯曼土耳其进行了艰苦卓绝的斗争,延迟了其对中欧的扩张。

然而,在占绝对优势的奥斯曼土耳其军队压力下,1415年,瓦拉几亚公国臣服于奥斯曼帝国。摩尔达维亚人民在斯特凡大公的领导下,英勇抗击侵略者,屡创敌军,但由于双方力量对比悬殊,1489年,摩尔达维亚沦为奥斯曼帝国附庸。1541年,随着匈牙利王国被奥斯曼和哈布斯堡两大帝国瓜分,特兰西瓦尼亚也被迫臣服于奥斯曼帝国。此后一直到16世纪末,奥斯曼土耳其在罗马尼亚三公国的统治都未受到严重挑战。

16世纪90年代,瓦拉几亚君主米哈伊·维泰阿佐尔(1558—1601)掀起了又一波斗争浪潮。1594年,他发起大范围的反奥斯曼战争,先后带领军队攻占了多瑙河沿岸的土耳其堡垒。1595年,米哈伊在特兰西瓦尼亚的援助下,以少胜多,大败土耳其军队。米哈伊在基督教世界一夜成名,成为人们熟知的"勇士米哈伊"。后又屡次击败奥斯曼帝国军队,1598年,奥斯曼帝国最终被迫与之签订和约,确认瓦拉几亚的完全独立地位。1599年10月,米哈伊征服了特兰西瓦尼亚。此后,又进军征服了摩尔达维亚。1601年,米哈伊遇刺身亡。

米哈伊是历史上首个将瓦拉几亚、特兰西瓦尼亚和摩尔达维亚三个公国统一在一起的君主。虽然他的统一仅仅持续了6个月,但是已经奠定了今日罗马尼亚疆域的基础,因此他被认为是罗马尼亚最伟大的民族英雄之一。虽然各公国统一的时间不长,但其所取得的成就仍然鼓舞着世代罗马尼亚人奋勇向前。

米哈伊去世后,刚刚统一的罗马尼亚分裂,奥斯曼帝国重新得到诸公国的控制权,但各公国争取自由的斗争仍在继续。

17世纪末,奥斯曼帝国逐渐走向衰落,沙皇俄国和哈布斯堡王朝的奥地利日益崛起,东南欧的局势发生很大变化,重新划分势力范围、争抢地盘的争斗不可避免。从此,罗马尼亚诸公国的领土成为相邻三大帝国——奥斯曼土耳其、沙皇俄国和奥地利近150年军事争斗的战场,罗马尼亚领土也被分割得七零八落。

西部的特兰西瓦尼亚于1683年的维也纳战争后处于来自神圣罗马帝国以奥地利为中心的哈布斯堡王朝的管治之下。虽然度过了一段相对和平繁荣的时期,但农民的生活状况并未得到改善,相反还更加恶化,甚至引发了农民暴动。

东部的摩尔达维亚和南部的瓦拉几亚在俄国与土耳其的争斗中饱受痛苦。17—19世纪,俄国与奥斯曼土耳其进行了10次战争,直接削弱了奥斯曼土耳其在罗马尼亚各公国的控制。俄国女皇叶卡捷琳娜二世(1762—1796年在位)为对抗奥斯曼土耳其而寻求罗马尼亚的支持,宣称俄国成为所有奥斯曼帝国境内东正教徒的保护者,将摩尔达维亚和瓦拉几亚公国纳入俄国的势力范围。虽然两国成为俄国的保护国,但仍旧向奥斯曼土耳其帝国进贡,以防给奥斯曼土耳其的进犯留下口实。奥斯曼为维护其在罗马尼亚各公国的统治并阻挠他们的独立进程,在摩尔达维亚公国(1711)和瓦拉几亚公国(1716)建立了法纳尔制度,一直持续到1821年革命结束。

法纳尔政权时期,贪污、管理不善、滥征苛税及腐化堕落是最主要的特点,也因为这一时期的长期战争而为人们所铭记。在奥地利和土耳其、俄国和土耳其的战争中,罗马尼亚诸公国未得到任何好处,反而丧失了自己的领土,家园变成了战场。

1784年10月,特兰西瓦尼亚麦斯提亚堪村爆发霍里亚·尼古拉(1735—1785)领导的农民起义。起义很快遍及扎朗德区和胡内多阿拉等县,起义军英勇地打击奥地利哈布斯堡王朝军队。次年被残酷镇压。这次起义迫使奥地利皇帝约瑟夫二世取消了有关农民人身奴役的若干规定。1806年,奥斯曼帝国在法国皇帝拿破仑一世的怂恿下,对俄国发动了第七次俄土战争。尽管俄军主力被牵制在遥远的普鲁士,但奥斯曼在战争中的表现已大不如前,无力独自面对俄罗斯帝国在巴尔干、高加索与黑海三条战线的同时进攻。库图佐夫率领俄军在人数劣势下击败奥斯曼军队,并于1812年迫使其投降,奥斯曼因此割让藩属国摩尔达维亚的一部分比萨拉比亚(今摩尔多瓦)

给俄国。由此,俄国势力进入罗马尼亚,并希望将比萨比拉亚作为前线据点,继续南下控制奥斯曼的黑海南岸及海峡从而进入地中海。1829 年的《阿德里安堡和约》结束了另一场俄国和土耳其的战争,建立起俄国对摩尔达维亚和瓦拉几亚两个公国实质上的"保护"制度。

18 世纪初开始,奥斯曼土耳其帝国的衰落使罗马尼亚诸公国的封建制度逐渐解体,同时,罗马尼亚人民的民族意识开始觉醒。一些知识分子通过出版、教育等途径,在特兰西瓦尼亚宗教领域发起启蒙运动,唤醒罗马尼亚人的民族认同感,为罗马尼亚的独立与统一奠定了思想理论基础。19 世纪上半叶成长起来的一代人深受这些思想的影响,他们中的精英还在德国、法国等西欧国家接受过教育。他们意识到,全体罗马尼亚人都属于一个民族,并为实现三公国统一为一个独立民族国家的理想而奋斗,这些思想也为 1848 年的革命做好了准备。

15—19 世纪,奥斯曼帝国虽然在名义上是罗马尼亚诸公国的宗主国,但其中三公国的君主、领土和宗教没有改变,在漫长的中世纪中始终保有自己的政治、军事和行政机构。奥斯曼帝国统治期间,尽管各公国的经济受到相当大的影响,大量产品和财富流向君士坦丁堡,但其经济也获得了一定发展。三公国在 17 世纪先后引种了玉米,增加了粮食作物品种,葡萄、水果和蔬菜的品种改良和种植技术也取得了进展。这些农作物新品种使罗马尼亚的农业生产得到了很大进步。另一个取得进步的行业是采矿业,国家和王室更多地介入采矿过程,采用了当时比较先进的技术开采深层矿物,产品种类和产量大大增加。岩盐除了满足本地需求,还能外销到巴尔干半岛其他地区和匈牙利。在奥斯曼帝国时代,手工业和商业的活跃使城市迅速得到发展,布加勒斯特和雅西的人口数量均超过 5 万。

王国成立与首任国王

罗马尼亚传统的社会领导阶层波雅尔最直接的目标是独立,然而瓦拉几亚和摩尔达维亚几乎持续不断地处在土耳其、俄国和奥地利的占领之下。受过西方教育的自由派波雅尔要求进行政治改革,结束独裁的大公掌权的外国统治。在这些波雅尔当中,有许多人和其他知识分子共同形成 1848 年革命的先锋。然而,他们没有群众的追随,也没有组织。他们过分依靠思想的力量来实现社会变革。尽管尽了最大的努力,他们却未能获得法国和英国的支持。

走向独立

19 世纪上半期,罗马尼亚贵族(波雅尔)家庭开始把他们的儿子送到西欧国家如法国接受教育。这些学生中的一部分人组成了一个罗马尼亚革命派的圈子,在一起讨论关于瓦拉几亚和摩尔达维亚的统一,建立一个像法国那样的宪政政府,以及结束外国人的统治之类的话题。这个圈子中的一些人还参加了巴黎的 1848 年革命。

罗马尼亚在 1848 年也爆发了一场革命运动。第一次革命运动发生在摩尔达维亚。革命派要求国王改革俄国在摩尔达维亚和瓦拉几亚实行的"组织条例",然而国王却将请愿者逮捕,并迫使革命运动在摩尔达维亚停止了一段时间。不久,瓦拉几亚革命委员会在布加勒斯特成立,主要领导人多是从巴黎回来的革命派。他们要求国王推行改革,要求自治,并保证像其他欧洲国家一样废除农奴制和贵族特权,要求出版自由,并解放犹太人。然而,他们并没有要求和摩尔达维亚统一。瓦拉几亚国王惊慌失措,匆忙宣布退位。革命者的临时政府宣布成立,确定国旗,宣布取消贵族头衔,建立国民护卫队并废除死刑。革命运动在瓦拉几亚首先获得胜利。

由于新政府向土耳其表示忠诚,同时寻求法国、英国和奥地利的支持,因此遭到了俄国政府的公开敌视和极力镇压。1848 年 9 月,一支俄国军队占领布加勒斯特,解散了临时政府,革命者纷纷流亡,1848 年革命在罗马尼亚就这样终结了。

之后在俄国和土耳其共同占领期间,社会秩序得到恢复,一度被革命者焚毁的"组织条例"也重新发挥效力。直到 1853 年,俄国借口保护东正教教徒对奥斯曼帝国宣战,英法支持奥斯曼对抗俄国,克里米亚战争爆发。由于技术和运输上的落后,俄国战败了。1856 年,俄国在克里米亚战争中败北,因此《巴黎和约》(1856)取消了俄国对罗马尼亚的"保护",代之以欧洲七强(法、英、奥、俄、土、普、撒丁)的共同"保护",消除了俄国对两公国的长期控制,也在一定程度上削弱了土耳其的宗主国权力。《巴黎和约》规定,虽然瓦拉几亚和摩尔达维亚继续向土耳其纳贡,但列强应该给它们集体保证。1857 年,两公国根据巴黎会议的规定分别在布加勒斯特和雅西举行了"特别议会",一致决定,两公国统一为一个国家。然而,这一决定遭到了土耳其、奥地利和英国的反对。为此,七个保护国于 1858 年再次举行会议,其商谈结果部分满足了罗马尼亚人民的要求。1859 年,在摩尔达维亚和瓦拉几亚分别举行的大选中,两公国人民一致选举亚历山德鲁·伊万·库扎(1820—1873)为摩尔达维亚和瓦拉几亚联合公国大公,新国家于 1862 年 1 月定国名为罗马尼亚,首都为布加勒斯特。

在当选为联合大公后,库扎便着手采取一些向着完全统一方向迈进的措施,这其中包括建立共同的货币体系、海关服务和电报线路等。他甚至亲自到君士坦丁堡去游说,同土耳其当局商讨《巴黎和约》的条款,并召集和约的签署方到土耳其,在君士坦丁堡会议上发表公告,承认罗马尼亚公国的统一,但是其他签署方规定统一只限定在库扎统治期间。库扎认为这一限定只是各国保全面子的策略,因此他迅速地推动全国统一的完成。于是在1862年两个公国组成一个共同的政府,"罗马尼亚"一词开始在官方文件中使用。

库扎统治期间,提出了一项改革计划,推动了罗马尼亚社会和国家机构的现代化。改革的主要措施有:制订民法和刑法;改革选举制度;加强军队建设;将教会财产的权属转为世俗;进行土地改革,解除农民的税务负担并提供土地;颁布教育法,规定小学实行免费义务制;推动高等教育发展,成立雅西大学和布加勒斯特大学。

不幸的是,由于他推行改革太过激进,作风上又太专制,所以各阶级对他的不满情绪日益增长。保守派对废除强迫劳动感到不满;农民因为土地改革不够彻底而备感失望;神职人员则对将修道院的土地财产充公感到不平。加上1865年库扎因怀疑自己当初推选的总理有谋权篡位之心而令其辞职,以致失去了绝大多数热情的支持者。1866年2月,地主和大资产阶级在军队的帮助下发动政变,推翻了库扎的统治。

库扎退位后,普鲁士王室亲属霍亨索伦-西格马林根家族的卡罗尔·埃特尔·弗里德里希·泽菲里努斯·路德维希·冯·霍亨索伦-西格马林根(1839—1914)成为罗马尼亚大公,史称卡罗尔一世。为了争取俄国和欧洲列强对罗马尼亚民族独立的支持,1877 年,卡罗尔一世率军参加第十次俄土战争,与土耳其进入战争状态。同年 12 月,罗军在普列文迫使拥有 4 万多名士兵的土耳其军队投降。次年 2 月,土耳其求和。根据 1878 年 3 月《圣斯特凡诺条约》和同年 7 月《柏林条约》,列强承认了罗马尼亚的独立,但是要求将比萨拉比亚西南划归俄国,以换取多瑙河三角洲、蛇岛和多布罗加。直到 1880 年初,罗马尼亚议会修订了 1866 年卡罗尔一世批准的《宪法》,消除了原有的对公民行为和政治权利的所有宗教限制之后,法国、德国和英国才承认罗马尼亚独立。1881 年 3 月由瓦拉几亚和摩尔达维亚组成的罗马尼亚联合公国改为罗马尼亚王国,卡罗尔大公成为卡罗尔国王。

首任国王——卡罗尔一世

早在 1802 年,瓦拉几亚和摩尔达维亚两个公国的联合主义者就计划邀请一位外国国王来统治联合国家。这一方面可以结束国内各方力量的争斗,另一方面也有利于与西方建立一种更为紧密的联系。随着 1866 年库扎大公的退位,保守派和自由派中的大多数人都倾向于从罗马尼亚以外的欧洲王室中选择一位统治者,他们的第一继位人选是当时比利时国王利奥波德二世的兄弟菲利普·弗兰德斯,但是邀请遭到拒绝。第二继位人选在法国皇帝拿破仑三世的帮助下接受了罗马尼亚的邀请。这个人就是拿破仑三世的表兄弟——德国霍亨索伦-西格马林根家族的卡罗尔·埃特尔·弗里德里希·泽菲里努斯·路德维希·冯·霍亨索伦-西格马林根。卡罗尔对罗马尼亚知之甚少,也不会讲罗马尼亚语,但是他具备许多可以胜任这项工作的条件。他的父亲是普鲁士的总理大臣,他与普鲁士和德意志皇室有着密切的联系。然而,接受罗马尼亚邀请之后的第一个挑战是如何抵达布加勒斯特。因为作为一名普鲁士的官员,过境俄国、奥地利或土耳其都是不可能的。于是,他装扮成瑞士游商,隐姓埋名,经过艰辛曲折的长途跋涉,穿过奥地利和匈牙利,终于在 1866 年 5 月 22 日抵达罗马尼亚的首都布加勒斯特,并受到民众和政治家们的欢迎。在他到达罗马尼亚之前的 5 月 10 日,经公民投票,他已被正式推选为罗马尼亚大公,史称卡罗尔一世,上任后即宣布罗马尼亚是一个独立国家,并迅速着手为新国家建立运行体制。7 月 11 日,卡罗尔采纳并批准了一部仿照 1831 年《比利时宪法》制定的新《宪法》,该宪法的目的是建立一个现代的宪政制度。

　　虽然此时的罗马尼亚是一个由国王统治的自治的国家,但是它仍然是奥斯曼帝国的一个附庸国,甚至还被认为是这个帝国不可分割的一部分。卡罗尔国王暂时接受这一现实,但是他开始谋划并采取行动使罗马尼亚获得完全的独立。卡罗尔和政府争取独立的努力从 1876 年开始日益加强,他们向欧洲列强各国包括奥斯曼发布外交照会,要求各国联合保证承认罗马尼亚的独立,但是没有得到理会。同年 12 月,在君士坦丁堡召开的《巴黎公约》签署国会议上,罗马尼亚代表团提出的关于罗马尼亚独立问题的讨论请求也遭到参会者的拒绝。1877 年 4 月,罗马尼亚与俄国签订军事条约,俄国向土耳其宣战,俄军进入罗马尼亚并向多瑙河推进。于是,罗马尼亚与土耳其进入战争状态。5 月的罗马尼亚议会通过决议,宣告罗马尼亚独立,并派遣罗马尼亚陆军和海军协助俄国军队作战。1878 年,两国签订停战协议,并在《圣斯特凡条约》中正式承认了罗马尼亚的独立。但由于该条约极大地加强了俄国在东南欧地区的影响,所以西欧列国要求重新审议。最终在 7 月形成《柏林条约》,罗马尼亚的独立地位才得以确认,但被要求将比萨拉比亚西南划给俄国,以换取多瑙河三角洲、蛇岛和多布罗加。尽管这样,法国、德国和英国依然一直没有官方承认罗马尼亚的独立,直到1880年初,罗马尼亚议会修订了1866年《宪法》,消除了原有的对公民行为和政治权利的所有宗教限制之后才给予承认。

此时,经过400多年以奥斯曼帝国为宗主国的历史之后,罗马尼亚的独立最终得到所有欧洲国家的承认,正式外交关系也开始建立起来。卡罗尔大公在1881年3月正式加冕为国王,同时议会宣布罗马尼亚国成立。当他被宣布为罗马尼亚国王时,他说:当我踏上这片神圣的土地时,我变成了罗马尼亚人。我离开了我的国家、我的家庭,被这个国家选为罗马尼亚人民的统治者。你们把自己的命运交给了我,我也加入了你们大家。我带着我忠诚的心、正确的决定、坚定的意志去做一切对国家有好处的事情,并为我的新国家奉献一份伟大的力量。今天我是一个公民,明天如果有必要的话,我将成为一名战士,我将与你们分享善与恶。

卡罗尔一世对罗马尼亚意义重大,不仅是因为他在罗马尼亚统治了48年,更重要的是当时的罗马尼亚面临着被分裂的危险。这位来自欧洲著名王朝的外国王子统治了这个国家,把它从被分裂的危险中拯救了出来。

在他的统治下,罗马尼亚建设了布加勒斯特火车站、第一批工厂、罗马尼亚国家银行(世界第16家银行)、罗马尼亚国家红十字会、第一条电话线、布加勒斯特植物园、布加勒斯特大学图书馆等。1904年,罗马尼亚是欧洲第四大谷物出口国。1866年7月11日,卡罗尔一世颁布了罗马尼亚第一部宪法,规定了罗马尼亚人民的个人自由、通信权、受教育权和财产权;但同时又规定国王的权力是世袭的,卡罗尔被任命为军队统帅,并保留对立法机关通过议案的绝对否定权。卡罗尔一世在位期间确立了罗马尼亚现代议会政体结构:国王本人是对内和对外政策的关键人物,一个较小范围的政治阶层可以与他分享权力;囿于小范围的选举权,群众不能直接参与政治生活。卡罗尔一世对外政策的主要目标是使罗马尼亚成为地区性强国和列强不可或缺的盟国(大多数自由党和保守党领导人也同意这个目标)。对他们而言最具有吸引力的是德国,他们羡慕德国的军事力量和经济力量,并且希望使用这种力量作为保护以对抗俄国。1883 年与德国和奥匈帝国秘密结盟时,他鼓励发展工业,扩充军事设施,但是由于他长期忽视农民亟待解决的问题,最后酿成了 1907 年的农民起义。

卡罗尔一世和他的妻子伊丽莎白王后只有玛丽公主这一个孩子,不幸的是,玛丽公主在 4 岁时夭折,王室没有了继承人。1889 年卡罗尔一世把他兄弟 15 岁的儿子斐迪南·维克多·阿尔伯特·迈因拉德(1865—1927)带到罗马尼亚,将他作为儿子抚养,并为他成为罗马尼亚新国王做好准备。卡罗尔一世被认为是一个很严厉的人,自我要求也非常高。伊丽莎白王后曾说他"甚至佩戴王冠睡觉"。他逝世于 1914 年 10 月 10日,享年 75 岁,在位长达 48 年。这是罗马尼亚历史上在位时间最长的纪录,并且这一时期罗马尼亚相对稳定,经济极大增长,文化也得到空前发展。

卡罗尔一世的遗言是:"日日夜夜,我都在想罗马尼亚的幸福,它现在是欧洲最重要的国家之一……我的王位继承人得到了一份他会引以为豪的遗产,我希望他会按照我的话来统治:一切为了国家,而不是为了我自己。"

大罗马尼亚的统一

从 1881 年宣告独立到第一次世界大战爆发，罗马尼亚经历了一个稳定时期，国家的经济以不均衡的速度向前发展。两党制是这一时期罗马尼亚政治的特色，以代表资产阶级利益的自由党和代表地主利益的保守党为中心。19 世纪下半叶，工人阶级迅速壮大起来。最早的社会主义和工人小组就是在这一时期形成的。第一次世界大战对现代罗马尼亚的发展十分重要，罗马尼亚的国土与人口扩大了一倍。"一战"之后，罗马尼亚又面临着新的问题和变化。罗马尼亚采取了若干政治、经济和外交行动，目的在于巩固罗马尼亚统一的民族国家并维护民族主权和领土完整。"二战"期间安东内斯库将军掌握了国家大权，致力于与德国结盟以对抗苏联。

第一次世界大战对现代罗马尼亚的发展十分重要。早在 1883 年，卡罗尔一世与奥匈帝国曾签订一项《防御性条约》，因为当时罗马尼亚的一些边界地区如特兰西瓦尼亚、巴纳特和布科维纳还在奥匈帝国统治之下，他希望奥匈帝国能保卫这些边界地区，免受来自俄国的威胁。因此，此时罗马尼亚实质上已经加入了三国同盟（德国、奥匈帝国和意大利组成的秘密同盟）。但是随着特兰西瓦尼亚的罗马尼亚人生活状况的日益恶化，国内反对加入三国同盟的呼声越来越高。

卡罗尔一世于 1914 年去世后，斐迪南·维克多·阿尔伯特·迈因拉德即位（史称斐迪南一世），担任罗马尼亚国王，直到1927年去世。斐迪南一世继位后，欧洲局势即发生急剧转变，爆发了第一次世界大战。"一战"爆发后的最初两年，罗马尼亚首相布拉蒂亚努决定尽力使罗马尼亚在战争中保持中立，暂时没有参加战争。但是罗马尼亚的地理位置决定了它不可避免地要被卷入这场冲突。1915年5月，当意大利向奥匈帝国宣战时，罗马尼亚自由党和保守党的许多政治家都支持加入协约国(英国、法国、俄国)一方，但布拉蒂亚努主张在战争结果可预料时再做决定，以便为罗马尼亚争取最大的利益，最大限度减少损失。1916年春，协约国为了在东线和西线进攻中能争取到罗马尼亚的加入，同意了罗马尼亚提出的要求，并于8月7日与罗马尼亚签订条约。8月27日，罗马尼亚向奥匈帝国宣战，穿过喀尔巴阡山隘口，进攻特兰西瓦尼亚，意在收复失地。德国人对罗马尼亚加入协约国感到不满，因此在1916年9月德奥联军抵挡住罗军的攻势后，挥师反攻罗马尼亚的瓦拉几亚和摩尔达维亚。由于罗军装备落后，且没有得到协约国的援助，到10月中旬罗马尼亚军队被德奥联军反杀。宣战4个月后，罗马尼亚首都布加勒斯特也被德军占领，全国沦陷。罗马尼亚被一分为二，大约25万罗马尼亚士兵被杀、负伤或者被俘，大多数武器被缴，普洛耶什蒂油田被点燃。

布加勒斯特沦陷前，斐迪南一世和罗马尼亚政府已经离开首都，并在摩尔达维亚的雅西建立了一个统一的抵抗政府。他们在法国军事代表团的帮助下，训练并重组了一支具备战斗力的军队，得到了协约国提供的武器装备。1917年夏，罗马尼亚蓄势反击，从7月持续到10月，他们与德奥部队进行了多次战役，最终阻止了德奥军队的进攻。

1917年俄国十月革命爆发后，新的苏维埃政权宣布单方面停火，退出战争，切断了协约国对罗马尼亚的一切援助，迫使罗马尼亚与同盟国签订了《暂时停战协议》和《和平条约》，并最终在 1918 年 5 月与同盟国在布加勒斯特签订和约。然而同年晚些时候，战争形势发生突然变化，协约国在西线发起强劲反击，同盟国接连失败，罗马尼亚重新加入协约国的军事行动，并声明对所有领土享有主权，因此在巴黎和会上取得战胜国地位。特兰西瓦尼亚公国摆脱了对奥匈帝国的依附，与罗马尼亚王国合并。至此，罗马尼亚民族国家正式统一，原来一直分立的三个公国终于统一成一个国家，出现了包括大多数罗马尼亚人在内的、扩大了的单一民族国家——大罗马尼亚。

1918 年 12 月 1 日，特兰西瓦尼亚的盛大庆典成为罗马尼亚统一的象征，这一天后来被定为罗马尼亚国庆日。在从匈牙利获得特兰西瓦尼亚和巴纳特，从奥地利获得布科维纳，从俄国获得比萨拉比亚之后，罗马尼亚的国土增加了一倍，达到 29.5 万平方公里，人口也增加一倍，达到 1550 万，其中包括大量的少数民族，特别是特兰西瓦尼亚的匈牙利人和比萨拉比亚的犹太人，使非罗马尼亚人的人口比例提高到总人口的近 30%。

统一后的罗马尼亚在政治、经济、社会和文化等方面都取得了较大发展。国家进行了广泛的土地改革，通过了新的宪法，为经济的发展铺平了道路，出现了工业化和城市化的萌芽。在这个时期，钢、煤和石油的生产数量出现令人瞩目的增长。1937 年，石油产量达到 720 万吨，成为欧洲第二大石油生产国，第二大天然气和黄金生产国，第四大小麦生产国。到 1939 年，国内对食品、纺织品和化工产品的全部需求几乎都能由国内的生产者提供。

但是，罗马尼亚人民在第一次世界大战中也深受伤害，共损失 80 万人的生命。玛格丽塔·伊万娜·武尔卡内斯库作为一名护士参加了战争，她写了一本日记，记录了每天的日常所见。她每天都被子弹的声音惊醒,看到很多无辜的人在这场战争中死去。她是士兵们临终前书信的代笔者,把他们的遗言带给家人、朋友和爱人。她从一个妇女的角度反映了战争的现实,令人动容的写作风格对罗马尼亚人民产生了很大的影响。她在1916年11月18日的日记中写道:

"一个星期以来,我们一直处于极大的不安之中。罗马尼亚军队被打败了,敌人逼近首都。我们什么时候能想到这样的事情。在街上,有一种不言而喻的痛苦。许多农民背着大包小包,带着他们的妻子和孩子,悲苦交加地从罗马尼亚各地赶来,因为他们被入侵他们房屋和村庄的外国军队赶走了。罗马尼亚的花朵正在凋零,它们被残酷无情的死亡所折磨。他们的额头低着,悲痛至心碎,我想起了我的祖国所遭受的苦难。还有多少人会死在路上? 他们死于饥饿、疲倦、悲伤和疾病。"

她还写道:

"我收到了一封来自士兵拉杜·米黑斯库的信。他告诉我,他被允许在家里多待6天,再加上出院后的6天。我想起了他:他作为一名中士已经有21年了。他告诉我,他是作为一名志愿者参军的,因为他很想当一名军人。我看到了他,就在我面前:他的脸被太阳晒得通红,一种说不出的温柔,他的眼睛是明朗的,灵魂是质朴的。有时,我问他:你愿意走出医院吗? 他回答说:愿意。你想去哪里? 他的回答是:回家。"

历史学家暹罗·普莱斯写了一本书,讲述了士兵们临死前写给家人的信。他的书叫《如果你正在读这些……》。一位军人寄来的一封信说:"如果你正在阅读这些文字,你应该知道我已经不在人世了。不管这个消息对你来说有多难接受,你最好知道我不会离开这个充满不确定性的世界的折磨。我想让你知道一件事:即使当我和你在一起的时候,我也很难表达我对你的感情,但是战争让我摆脱了所有限制我表达感情的障碍。我爱你!"

父承子位的国王与人民的母亲

　　卡罗尔·卡拉伊曼,史称卡罗尔二世(1893—1953)也许是世界上最富争议和传奇色彩的欧洲国王之一了:他"不爱江山爱美人",两次为女人放弃王位继承权;从儿子那里,而不是从父亲那里"继承"王位。

　　1893年10月3日,卡罗尔二世出生,他是第一位出生在罗马尼亚的国王。他的父亲斐迪南一世拥有德国王室血统,母亲则是一名英国公主,是英国维多利亚女王的孙女,同时也是俄国沙皇亚历山大二世的外孙女——玛丽·亚历山大·维多利亚。在第一次世界大战期间,当时在军队服役的卡罗尔爱上了一个军官的女儿兰波琳娜。根据国家宪法,王子和平民结婚将被剥夺王位继承权,于是他当了逃兵,和那名女子私奔逃往俄国,并在奥德萨市秘密结婚。可是没多久,卡罗尔就被强行遣送回国,罗马尼亚法庭判决他与兰波琳娜的婚姻无效,并判决他们的儿子麦西亚是私生子。1920年,他被父亲斐迪南国王派往世界各地,访问了奥斯曼帝国、埃及、印度、新加坡、中国、日本和大多数欧洲国家。尽管他性格叛逆,但此次访问仍具有重要的外交意义。因为他将一封由他父亲罗马尼亚国王写的信交给了很多国家的领导人,促成许多国家与罗马尼亚建立了外交关系。

　　1921年,他在家人的劝说下和门当户对的希腊海伦公主结了婚,当年他们就生下了王子米哈伊(1921—2017)。蜜月没持续多久,卡罗尔的心又被一名拥有绝代姿色的女子埃琳娜俘获了。尽管家人苦劝,卡罗尔还是一意孤行,再一次为了女人放弃了王位继承权。1925 年,父王斐迪南一世立下遗嘱将王位传给年幼的孙子——米哈伊王子,也就是卡罗尔二世的儿子。于是卡罗尔二世离开了罗马尼亚。1927 年,斐迪南一世去世,卡罗尔二世的儿子、斐迪南一世的孙子——米哈伊王子继承了王位,史称米哈伊一世。由于米哈伊当时年幼,还不满 6 岁,他得到了尼古拉斯王子、教会的元首米伦·克里斯蒂亚和当时的政治人物格奥尔热·布兹杜根的帮助。

卡罗尔二世与家人

自从国王斐迪南一世去世,罗马尼亚议会中各党派斗争越来越激烈,摄政者也毫无影响力可言,罗马尼亚国内形势愈发不稳。一些政客打算请卡罗尔二世回来平息各党派之间的斗争。1930 年 6 月卡罗尔回到罗马尼亚,议会废除了禁止卡罗尔成为王位继承人的禁令。卡罗尔正式从儿子米哈伊手中继承王位,成为罗马尼亚的国王。然后他立即将情人埃琳娜接回国,迫使海伦王后伤心地离开了罗马尼亚。回国后不久,卡罗尔即宣布废除当时的宪法,并实行独裁统治,这一统治从 1930年一直持续到 1940 年。他开始以独裁的方式领导国家,命名为“皇家独裁”。他废除了罗马尼亚的政党,称自己为“文化之王"。尽管他维持了这个国家的文化，但卡罗尔二世对这个国家的价值观并不尊重。他想从1938年起建立皇家独裁统治，从而导致罗马尼亚人民陷入混乱，使整个国家走向衰落。

第二次世界大战爆发后，罗马尼亚迎来了接连的厄运，纳粹德国跟苏联签署了一个协议，罗马尼亚被迫将比萨拉比亚和北布科维纳割让给苏联，将特兰西瓦尼亚北半部割让给了匈牙利。卡罗尔二世失去了国内大多数民众的支持，1940年9月，考虑到欧洲的形势及罗马尼亚人的不满，卡罗尔被迫将大部分权力移交给罗马尼亚将军安东内斯库，并于次日退位。当时年仅19岁的米哈伊再次继承王位，然而，国家的真正权力却掌握在军人安东内斯库一人手中。1940年9月7日，卡罗尔二世和他的情妇埃琳娜乘坐一列装满王室财物的特种列车，驶离了布加勒斯特。他们先在南美国家度过了几年，最后在葡萄牙定居。1949年，卡罗尔与埃琳娜在葡萄牙正式结婚。4年后，卡罗尔二世死于心脏病发作。埃琳娜于1978年死亡。

与风流国王卡罗尔二世形成鲜明对照的是他的母亲，斐迪南一世的妻子，一位深受罗马尼亚人民爱戴的王后——玛丽·亚历山大·维多利亚。

对罗马尼亚人民来说，拥有这样一位王后是有幸的。正如历史学家描述的那样，她是世界上最美丽的女人之一，也是一位勇敢的女性，她永远活在罗马尼亚人的心中，他们将她视为美丽、谦逊、热爱祖国的典范——她就是玛丽王后。

玛丽于1875年出生于英国。这位未来的罗马尼亚王后先是在英国，后来又到了马耳他度过了她的童年。1893年，年仅17岁的她来到了罗马尼亚，嫁给了斐迪南王子。玛丽王后非常聪明、勇敢、爱国又亲民，罗马尼亚人民从一开始就很欣赏她。当时的一部纪录片显示，玛丽王后经常穿着传统的罗马尼亚服

斐迪南一世与玛丽王后

装在市场上牵着人们的手,拥抱着儿童和老人,与他们交谈。她非常热爱罗马尼亚文化,成立协会以促进大众艺术的发展。她也被认为是穷人的母亲,经常为孤儿筹集资金。

　　1914 年,第一次世界大战离罗马尼亚边境越来越近,玛丽王后成为斐迪南国王的得力助手。为了人民的安康,她不顾自己的安危参与国家的政治事务。她利用自己一半是俄国血统一半是英国血统的优势,支持罗马尼亚参加对德战争的决定,即使国王是德国人。斐迪南国王本人说,做出与自己国家作战的决定是他所做过的最艰难的决定之一。英国国王乔治五世和俄国沙皇尼古拉斯二世都是玛丽王后的表亲。她给他们写了很多信,请求他们的帮助和保护,使罗马尼亚在战后收复了失去的领土。第一次世界大战期间,她因积极参战而更受欢迎。她经常在战场上鼓励士兵,带去食物和其他必需品。尽管战场上有传染病,她依然亲自包扎了很多士兵的伤口。她还创立了一个由医院和救护车服务组成的救助机构,以她的名字命名,直到现在罗马尼亚有很多医院还被命名为玛丽医院。

　　"一战"后在巴黎举行的和平会议上,玛丽王后作为罗马尼亚的代表访问了欧洲国家。她勇敢地请求法国首相帮助罗马尼亚从匈牙利人手中夺回特兰西瓦尼亚北半部。她在 1926 年访问美国,受到许多美国民众的热情接待,他们纷纷走上街头去看美丽的罗马尼亚王后。美国人为玛丽王后写了一首诗,诗的大致内容是这样的:从海岸到海岸,从海到海/我们的国家欢迎玛丽王后/国家、城市、州的旗帜/向高贵、真诚和伟大的人致敬/我们把我们的心献给玛丽王后。在美国访问期间,王后和她的孩子们也访问了加拿大,但由于斐迪南国王生病,她不得不提前回到罗马尼亚。一年后,国王去世,玛丽帮助她的孙子米哈伊一世统治这个国家,随时随地监督他履行国王的职责。

作为一名外交官和罗马尼亚在全世界的代表,玛丽王后除了参与国家的政治事务之外,还是一位伟大的文学家。她所写的回忆录,引起了 20 世纪伟大作家弗吉尼亚·伍尔夫的关注。她从不同的视角呈现了王室成员的生活,赋予了王室生活更人性化的一面。她是一个非常客观的作家,她的书被翻译成英语及法语。她也为孩子们写了很多故事,曾经详细地描述了保加利亚的巴尔西奇城堡。巴尔西奇城堡所在的保加利亚城镇曾经属于罗马尼亚。王后说巴尔西奇是她最爱的地方。这座巴尔西奇城堡是在她的严密监视下建造和装饰的,反映了她的喜好。巴尔西奇城堡简单而优雅,非常精致,但同时又非常低调。这座城堡坐落在海边,周围还有另外六座小建筑,它们属于王后的六个孩子。从城堡的阳台上,她可以看到日出日落及海浪。城堡也有一个小教堂,全是用石头建造的。因为石头代表了力量,这种品质既体现了王后一生中面对挑战的态度,也体现了她对上帝的信仰:相信上帝将永远帮助她完成国王赋予她的每一项使命。

1936 年,王后开始感到不适,健康状况恶化,所以她决定出国治疗。她还想为她热爱的祖国做很多事情,所以她尽了最大的努力来治病。然而两年后,王后觉得自己将不久于人世,所以她想回到罗马尼亚。据说她想让儿子卡罗尔二世派一架飞机送她回罗马尼亚,但未能实现。又传希特勒一直敬仰玛丽王后,愿意提供一架飞机让王后返回她的国家。但她的尊严使她拒绝了这个提议,决定乘火车回到罗马尼亚。1938 年 7 月 18 日,玛丽王后去世。她在遗嘱中写道,她希望葬在国王身边,但她想把她的心留在巴尔西奇的小教堂里,以此证明她对罗马尼亚和罗马尼亚人民的爱是永恒的。这颗心被保存在教堂里,但在第二次世界大战期间罗马尼亚失去了巴尔西奇的领土。2016 年,王后的孙子米哈伊一世决定把王后的心带回罗马尼亚。王室在锡纳亚复制了巴尔西奇的教堂,然后把王后的心放在那里,让它永远留在罗马尼亚。时至今日,仍然有很多人在她的墓前点燃蜡烛、献花,表达他们对这位伟大王后的无尽缅怀和尊敬。

中篇

罗马尼亚的今生

罗马尼亚是一个迷人的东欧国家,素有"天堂一角"的美称,还被誉为欧洲的香格里拉。罗马尼亚位于巴尔干半岛东北部,地理位置优越,得天独厚的自然环境与人文环境造就了这个神奇秀美的国度。在这个自然风光旖旎、文化底蕴浓郁的国度里,蓝色多瑙河蜿蜒流淌,"绿金"宝库喀尔巴阡山蕴藏着丰富的矿产,绚丽多姿的黑海承载着明珠的美誉。罗马尼亚还是一个宛如博物馆一般的神秘国度,游人可以恣意地从喀尔巴阡山脉游历到黑海海岸,从多瑙河游走到中世纪的古堡与城镇,在自然与人文、古老与现代之间穿梭。罗马尼亚还有各具特色、数不胜数的城镇,譬如"欢乐之城"布加勒斯特、"欧洲文化之都"锡比乌、"小巴黎"蒂米什瓦拉、"特兰西瓦尼亚之心"克鲁日-纳波卡、"东欧文化艺术中心"雅西、"黑海明珠"康斯坦察等,当地的城市风貌与文化习俗勾勒了罗马尼亚的悠久历史和风土人情。罗马尼亚丰富的自然美景、闻名于世的"吸血鬼文化",还有保存完好的中世纪建筑令人流连忘返、难以忘怀,凡是来过的游客无不拥有独特而难忘的美好印象。

历史上的罗马尼亚曾经是通往土耳其帝国的大道,多个民族和宗教在这里融合;如今是"一带一路"沿途重要一站,也是亚欧丝路门户。罗方高度重视并积极参与中国—中东欧国家合作,希望成为中国企业进入欧洲的"桥头堡"。前任驻罗大使徐飞洪认为包括罗马尼亚在内的中东欧国家地处亚欧丝路门户，是中欧互联互通不可或缺的环节。罗马尼亚是最早与中国建立外交关系的国家之一，与中国的友谊源远流长。近年来，中罗两国关系历久弥新，越来越多的罗马尼亚年轻人希望学习汉语，了解中国文化。在"一带一路"背景下，中国人不仅要欣赏罗马尼亚的自然风光与名胜古迹，更要深入了解罗马尼亚的文化风情与现代精神风貌。

那山、那河、那海

罗马尼亚拥有美丽神奇的自然风光,然而一直"养在深闺人不知",不为外人所了解,就像英国皇家地理协会 1990 年 4 月发表文章时的用词:罗马尼亚是世界上"最后向游人完全开放的大陆"。

罗马尼亚位于东南欧巴尔干半岛东北部,是连接巴尔干地区、中欧和东北欧的纽带和交通要道,国土面积 238391 平方公里。北部和东北部分别与乌克兰和摩尔多瓦交界;西北部和西南部分别同匈牙利和塞尔维亚接壤;南部同保加利亚以多瑙河为界;东临黑海,海岸线长 245 公里。从地图上看,罗马尼亚的形状略呈椭圆形,就像一只紧握的拳头。地势中间高、四周低,形成了阶梯状,好像一个倒放的盘子。罗马尼亚地形奇特多样,几乎拥有所有种类的地貌,包括高山、丘陵、台地、高原、山谷、盆地、平原等。其中海拔在 800 米以上的山地、海拔为 200—800 米的丘陵和高原,以及海拔在 200 米以下的平原分别占国土面积的 31%、36% 和 33%。

从地形上讲,罗马尼亚是喀尔巴阡山脉国家,从水文上看是多瑙河流域国家,而从它的海滨地区和某些气候特点来看,又是一个黑海地区国家。有"罗马尼亚脊梁"之称的喀尔巴阡山绵亘在其 40% 的国土上,这里林木茂密,森林资源丰富,地下蕴藏有煤、铁和黄金等矿产。多瑙河流经罗马尼亚境内 1075 公里,占其总长度的 37.6%,其国土上大小数百条河川多与多瑙河汇合,形成"百川汇多瑙"水系,最后在罗马尼亚境内注入黑海。多瑙河三角洲是欧洲面积最大、最重要的三角洲,绝大部分(4340 平方公里)在罗马尼亚境内。黑海是世界上最大的内陆海,还是地球上唯一的双层海,黑海航道曾是古代丝绸之路由中亚通往罗马的北线必经之路。因此,雄奇的喀尔巴阡山、蜿蜒的蓝色多瑙河和绚丽多姿的黑海被认为是罗马尼亚的三大国宝。

喀尔巴阡山的宝藏

在罗马尼亚只要一提到山,人们就会赞美横贯他们国土的喀尔巴阡山。喀尔巴阡山是欧洲重要的山脉之一,西起奥地利的维也纳盆地,向东经过捷克、波兰、乌克兰西部,然后转向东南进入罗马尼亚境内,在布拉索夫城附近折向西行,到达罗马尼亚西南边境的多瑙河岸,隔河与巴尔干山脉相连。喀尔巴阡山全长 1300—1500 公里,稍长于欧洲著名的阿尔卑斯山,但其高度和宽度又稍小于后者。在罗马尼亚境内的是南喀尔巴阡山、东喀尔巴阡山和西喀尔巴阡山。南喀尔巴阡山是罗马尼亚最高峻的地区,海拔超过 2500 米的几座高峰都集中在该地区。高峰之间有很多第四纪冰川作用形成的湖泊,湖泊面积不算大,但一个接着一个,绵延数十公里,宛如一串串珍珠,镶嵌在静谧的群山之中。湖泊边建有许多季节性别墅,是旅游的好去处,夏季可以垂钓、登山,冬季可以滑雪。东喀尔巴阡山是罗马尼亚最大的山脉,从北部边境延伸到普拉霍瓦河谷,一般高1000—1500 米。东喀尔巴阡山地质复杂,有许多奇特的自然景观:高山峡谷多,河中水流急,山上树林密。如比斯特里察河,其河床不宽,但水流极快;有阿尔卑斯式陡急的斜坡和峻峭的山路,如罗马尼亚最长的比卡兹峡谷;还有著名的圣安娜火山湖,风光妩媚,火山口几乎没有被触动过。西喀尔巴阡山是喀尔巴阡山系独特的另一支脉,自多瑙河延伸至索梅什河谷,面积约为3.4万平方公里。它是由各种不同的岩石(花岗岩、结晶岩、火山岩、石灰岩)混合构成的。其高度较之东喀尔巴阡山和南喀尔巴阡山低得多,最高的库尔库伯塔马雷峰海拔仅1848米。[①]

　　喀尔巴阡山拥有丰富的自然资源。煤、铁、铝、锌、黄金等矿藏都非常丰富,岩盐储量达2万多亿吨,居欧洲第一位,罗马尼亚因此享有"岩盐王国"的盛誉。油田主要分布在喀尔巴阡山外侧的丘陵地带,近年来在康斯坦察港以东200公里的黑海里也发现了较丰富的石油。天然气资源丰饶,截至2016年底,其探明储量约1013亿立方米,主要分布在喀尔巴阡山内侧,即特兰西瓦尼亚高原的第三系沉积岩层中。在喀尔巴阡山和西部高原上,有许多盐山,岩盐储量达30亿立方米。此外,罗马尼亚水力资源丰富,蕴藏量为565万千瓦。森林面积为630万公顷,约占全国面积的28%。农用土地约1477万公顷,其中耕地约945万公顷,占国土面积的40%。草原、牧场465万公顷,约占国土面积的20%。

　　喀尔巴阡山还是罗马尼亚的度假胜地。这儿有形状奇异的巨岩,有喀斯特岩洞和时隐时现的暗河;有险峻的山峰峡谷,也有天然的岩桥;更有像一颗颗珍珠的湖泊,镶嵌在青山翠谷间,为喀尔巴阡山平添不少秀丽。群山环抱的布拉索夫,是罗马尼亚人引以为豪的地方,去罗马尼亚旅游的人大多会到该市的"林中空地"小住一夜,在寂静的丛林中听松涛低吟,品山中

　　① 　张汉文、李冬柏、张振国:《罗马尼亚》,上海辞书出版社1987年版,第3页。

野味,享原始森林之乐趣。地处层层密林中的锡纳亚是世界著名的休养地,穿越其间的佩列什河上耸立着一座古代王宫——卡罗尔一世时期建造的佩列什宫。该宫既有德国文艺复兴时期的风格,又富有瑞士山区宫殿的特色。锡纳亚的幽谷、群山、松柏、溪流与古老的宫殿交相辉映,美景天成,令人心旷神怡。①喀尔巴阡山最吸引游客的要算那里的温泉和矿泉疗养院。在整个喀尔巴阡山区,温泉、矿泉比比皆是,著名并已经开发利用了的就有 160 多处。几乎是有山就有疗养院,有泉就有休养所。这些地方空气清新、景色秀丽,既是疗养院,也是旅游胜地和各种体育运动的中心。

多瑙河之波

《多瑙河之波》是 19 世纪末罗马尼亚的作曲家扬·伊万诺维奇的代表作。他长期在布加勒斯特军乐队中任职,创作过一些器乐作品,但只有《多瑙河之波》有影响并且流传。自古以来,多瑙河灌溉着罗马尼亚的肥田沃野,运输着罗马尼亚出产的物品,连接了罗马尼亚人民和多瑙河沿岸各国人民的往来,它与罗马尼亚人民的生活非常密切,历代的人们常以诗歌来歌颂这条伟大而可爱的河流。多瑙河是欧洲第二长河,是世界上干流流经国家最多的河流。多瑙河在中欧和东南欧发挥了贸易大动脉的作用,在拓居移民和政治变革方面也发挥过极其重要的作用。多瑙河发源于德国西南部,支流延伸至瑞士、波兰、意大利、波斯尼亚和黑塞哥维那、捷克及斯洛文尼亚等 6 国,最后在罗马尼亚东部的苏利纳注入黑海,全长 2850 公里。多瑙

---

① 赵绍棣:《漫游世界指南——罗马尼亚》,辽宁教育出版社 1999 年版,第 3 页。

河在罗马尼亚西南部境内蜿蜒流淌 1000 多公里,形成了独特壮观的自然风景。

多瑙河入海口的三角洲,是欧洲面积最大、保存最完好的三角洲。该三角洲位于罗马尼亚东部,是罗马尼亚著名旅游胜地,由多瑙河日日夜夜从上游带来的泥沙淤积而成。这里风光绚丽、资源丰富,被誉为欧洲最大的地质、生物实验室。多瑙河三角洲享有"鱼类的乐园""鸟类的天堂""自然博物馆""宁静的绿洲"等美誉。罗马尼亚人民经过辛勤劳动,在多瑙河三角洲开通了多瑙河至黑海运河航线后,使多瑙河入海水系一下子缩短了 400 公里,也为游人增设了一处新景点。多瑙河三角洲河道纵横,泽地成片,几千条运河和水道构成了神秘的泽国,把坐落在它们中间的村庄、渔场、农田联结起来,犹如大自然中的一座水陆迷宫。两岸丛林密布,高大的橡树、白杨、柳树和各种灌木林到处可见。湖面碧波荡漾;湖水清澈见底,红白相间的水百合花和水蜈蚣随波起舞。多瑙河三角洲是一个陆地、溪流、湖沼纵横交错的地区,水陆面积各约占一半。

在这里,有一种能移动的土地,人们称之为"浮岛"。它由丛生的芦苇集合在一起固结草类和泥沙而成,漂浮在水面上,当狂风起处,"浮岛"在水面移动,有时分裂成几块,有时几小块又集结在一起,往往是前一天可以通行的河道,第二天就阻塞不通。因此,只有经验丰富的渔民,才能在纵横交错的河道内行驶而不致迷失方向。"浮岛"的面积有 10 万公顷,厚度有 1 米左右。"浮岛"上有名目繁多的植物,有鱼类、鸟类等多种动物,所以,科学家们又称它为"欧洲最大的地质、生物实验室"。多瑙河三角洲还是欧、亚、非三大洲候鸟的会合地,也是欧洲飞禽和水鸟最多的地方。三角洲的沼泽池和陆地盛产芦苇,是世界上最大的芦苇区之一。在三角洲茂密的芦苇丛中,栖息着鹭鹭、野鸭、天鹅等 300 多种鸟类和水獭、水貂等野生毛皮动物。不计其数的湖泊和沼泽哺育着多瑙河三角洲数百种鸟类，以及 45 种多瑙河及其支流中特有的鱼类。

好客的黑海

被誉为"好客的海"的黑海，短短的 200 多公里长的海岸上就建有数十个旅游中心。它们以康斯坦察为中心向南北展开，都以灿烂的星座、甜美的名字命名，其中较大的有玛玛亚、北埃福里亚、南埃福里亚、海王星、金星、木星、土星、曼加利亚等。这些疗养点名奇地秀，有罗马尼亚著名的海滨浴场，也是游人夏日度假的好去处。最著名的地点要数玛玛亚，其在康斯坦察郊外，是黑海之滨最大的休养站。它坐落在南北走向的一条 7 公里长的狭长地带上，东临碧海，西濒淡水湖。临海的一面有漫长的浴场，最宽处达 100 米。海滩平缓，沙质细软，景色宜人。

黑海是欧亚大陆的一个内海，由于长期的地壳演变，黑海在 220 米以下水层中已无氧存在，海水中的硫酸盐分解形成硫化氢等，而硫化氢对鱼类有毒害，因而黑海除边缘浅海区和海水上层有一些海生动植物外，深海区和海底几乎是一个死寂的世界。同时硫化氢呈黑色，致使深层海水呈现黑色，因此黑海是名副其实的"黑海"。

黑海虽然"黑"，沿岸的沙滩却是洁白如银，站在沙滩上极目远眺，总是令人心旷神怡、流连忘返。这里的海滩缓缓倾斜向下，延伸到海水以下的部分也坡度舒缓，使得人们可以在海水里走动嬉戏或者洗海水浴。在黑海边观日出也是游客们喜欢的节目。只见天边一线曙光，悄悄地把漆黑的天幕染成一片紫红，海角尽处忽地露出一点金黄，再慢慢变橙、变红，片刻之间一轮滚圆的火轮就跳出海面,十分绚丽。游客还能观赏成群的海鸥在静静的海面上自由自在地飞翔,令人无限神往。

数个世纪以来,黑海气候和暖,有连绵不尽的干净海滩和金色的沙子,还有繁多的运动设施及各种古迹,每年夏季都吸引大量国内外游客前来旅游度假。黑海之滨的湖泊星罗棋布,湖水的含盐量比海水高4倍,水里生长繁殖着一种微生物,其寿命只有1周,死后沉淀湖底。日积月累,湖底淤泥出现多种有机物,涂在人的身上能发出热量,据说对身体健康有好处,每年来此旅游治病的人络绎不绝。北埃福里亚就是最吸引游客的"泥浴治疗"中心。

欧洲神秘的"天堂一角"

地处巴尔干东北部的罗马尼亚地理位置优越,素有"天堂一角"的美称。传说当年上帝召集各民族开会分地,罗马尼亚人因睡懒觉来晚了,土地早已分完。就在上帝左右为难之时,机灵的罗马尼亚人对上帝说:"就把您屁股底下的这块地给我吧。"上帝刚站起身,罗马尼亚人就坐了上去。罗马尼亚人因此拥有了一个美如天堂的国度。喀尔巴阡山、多瑙河和黑海赋予她多姿的风光,与罗马人千丝万缕的联系彰显了罗马尼亚人引以为豪的高贵血统。这么一个绝美的国度,一向外人敞开,人们就惊喜地发现,原来她就是欧洲的香格里拉,有那么多迷人的地方。罗马尼亚的旅游资源非常丰富,蜿蜒的蓝色多瑙河与雄奇的喀尔巴阡山构成了起伏有致的地势,历史名城、多瑙河三角洲、黑海海滨、古堡和要塞、自然遗产等景点星罗棋布,构成了一幅美妙无比的精致画卷。由于篇幅所限,笔者只能选取其中 7 个具有代表性的城镇做一个浮光掠影的介绍,揭开神秘的"天堂一角"的面纱。

"欢乐之城"——布加勒斯特

布加勒斯特是一座历史悠久的古城,见之于历史文献已有500 多年。早在 1459 年罗马尼亚大公国时期,布加勒斯特就是一座要塞,1574 年发展成为城市,见证了许多重大的历史事件。1659 年起成为瓦拉几亚公国首都,1862 年成为统一的罗马尼亚国家首都。

罗马尼亚民族于1477年抵御了土耳其人的侵略，便将登博维察河畔的这座城堡命名为布加勒斯特(Bucharest)，在罗马尼亚语中音为"布库尔什蒂"，即"欢乐之城"，"布库尔"在罗马尼亚语中就是"欢乐、喜悦"的意思。关于这个名字的来历还有一个传说：相传在13世纪，有一个名叫布库尔的牧羊人从边远山区赶着羊群来到登博维察河边，发现这里水草肥美，气候温和，因而定居下来。此后，来此定居的人逐渐增多，商业贸易也日益兴隆，这块定居地逐渐发展成为城镇。人们为纪念该城最早的定居者，就把这座城市取名为"布库尔什蒂"，"什蒂"是罗马尼亚语中一些地名的尾音。如今，在登博维察河畔还伫立着一座以这个牧羊人名字命名的蘑菇形塔顶的小教堂。

布加勒斯特是一座英雄的城市。在反抗外来侵略、干涉和控制，争取祖国的独立、自由和解放的斗争中，英雄的布加勒斯特人民不屈不挠。

布加勒斯特是罗马尼亚最大的城市，面积约605平方公里，也是罗马尼亚的政治、经济和文化中心。1659年，布加勒斯特曾作为瓦拉几亚公国的首府，从1862年起成为罗马尼亚的首都。布加勒斯特市区的环境十分迷人。像塞纳河把巴黎分成两半一样，登博维察河穿过市区，把布加勒斯特分为两部分。市区12个湖泊同登博维察河相平行，一个连着一个，宛如一串珠光闪闪的项链，把布加勒斯特装扮得分外艳丽。城里有多个大型公园，用草坪、玫瑰花、月季花组成的色彩缤纷的花坛随处可见，俨然是一座美丽的花园城市。据说罗马尼亚完全独立时，崇拜巴黎的建筑师，希望把布加勒斯特主要的大街和建筑都仿造成巴黎样子，因此布加勒斯特还被誉为"东方的巴黎"。但事实上，现在保存下来的主要古建筑物，风格上多数是东方式、哥特式、巴洛克式及威尼斯式建筑的混合体。不过布加勒斯特的确有一个仿造巴黎凯旋门建造的"凯旋门",只是其规模要小得多。这座"凯旋门"始建于1921年,由罗马尼亚当时的设计师彼特列·安东尼斯库设计。但动工伊始,当局下令必须在1922年10月前完工,原因是国王斐迪南一世从阿尔巴-尤利亚加冕归来时,最先要通过此门,以示胜利而归。由于时间仓促、资金短缺,按原设计提前完工根本不可能,于是便偷工减料,在钢筋水泥浇筑的骨架上做了一个漂亮的外壳。草草完工的"凯旋门"不到一年便基体倾塌、外壳剥蚀,只好于1934年重建。重建后的"凯旋门"看上去庄严宏伟,现在是罗马尼亚迎宾必经之路。

到布加勒斯特旅行,最引人注目的就是统一广场上的人民宫。这是世界上仅次于美国五角大楼的第二大建筑,据说人民宫比凡尔赛宫大7倍。人民宫于1984年开始修建,曾调遣150万人的军队夜以继日进行建造,到1989年也才完成了70%。后来陆陆续续地又修了许多年才完工。如今人民宫已经成为罗马尼亚的国会大厦,大多访罗的外国人,都会来这里参观。

布加勒斯特人民宫

人民宫的豪华与庄严可以说是举世无双,地上高92米,地下深84米,长270米,宽240米,建筑面积26万多平方米,建筑体积255万多立方米。有440多个办公室,1000个厅堂和房间,面积最小的厅也有700平方米,层高相当于普通5层楼房。最大的厅堂是"统一厅",面积为2100平方米,长70米,宽30米,高18米,顶棚均采用可以开关的大型采光玻璃,巨型窗帘都用金线和银线包制而成,在灯光下闪闪发光。在这座金碧辉煌的建筑内,有一个天下无双的游泳池,其地板是用多种不同的色彩拼成的图案,呈现出阳光、水、火、土等宇宙生命的基本元素,地上是美丽的飞鸟、孔雀、花朵。整个建筑融古典艺术和现代艺术为一体,从地板到天花板,全是艺术品。做工精细、装饰豪华,所用材料主要来自罗马尼亚国内,如名贵大理石、橡树、山毛树、樱杨树等,以及锡比乌和梅迪亚什产的水晶玻璃。室内所有的雕刻、绘画既体现了罗马尼亚当时的工艺实力,也充分反映了罗马尼亚人民的智慧和高度的艺术情趣,的确是罗马尼亚永留史册的传世之作。

布加勒斯特作为罗马尼亚全国文化中心,一个显著特点就是拥有大批博物馆,不仅种类繁多,而且很有特色,通过各自所展现的内容,游客可以了解不少罗马尼亚的知识,到了布加勒斯特而不去参观博物馆那将是非常遗憾的。著名的博物馆有:在西北部莫戈索亚湖畔的莫戈索亚宫,建于1700—1702年,原来是瓦拉几亚公国君主康斯坦丁·布林科维亚努大公(1688—1714年在位)的夏宫,现在是布林科维亚努时代封建艺术博物馆。位于胜利大道107号的国家民间艺术博物馆,是1906年的建筑,风格特别。离此不远的141号是以罗马尼亚最伟大的作曲家、小提琴家乔治·埃内斯库命名的音乐博物馆,其建筑是典型的巴洛克艺术风格。胜利大道17号的原国家邮政总局是1900年建成的,现在是罗马尼亚历史博物馆。消防博物馆是由堡垒式6层火警瞭望塔改建而成的。在罗马尼亚国家博物馆,有一个被罗马尼亚人称为"罗马尼亚人出生证"的图拉真圆柱的复制品,这是一座高达数十米的巨型石柱,是罗马帝国在2世纪时为表彰和纪念图拉真皇帝东征达契亚的战功而建立在罗马的。石柱的浮雕生动地反映了当年罗马尼亚人的祖先英勇抗击罗马军队的壮举。为了让子孙后代永远记住他们的祖先为了独立而英勇善战、坚强不屈,罗马尼亚人复制了一个一模一样的石柱。此外还有文学博物馆、音乐博物馆、艺术收藏馆、自然科学博物馆等,当然,影响最大的是乡村博物馆。

坐落在布加勒斯特海勒斯特勒乌公园内的乡村博物馆,以它独特的风格和情趣,吸引着世界各地的参观者。乡村博物馆是一座介绍罗马尼亚农村建筑艺术、民间艺术和农民生活习俗的露天博物馆。这座博物馆建于1996年,共占地10公顷,由71座完整的农村院落和312座房屋组成,包括农台、教堂、风车、磨坊、粮仓和一些手工业作坊等建筑。此外,还陈列着3万多件生产工具、家具、生活用品及民间艺术装饰品。所有展品都是从各地收集来的原物,这些风格迥异的古老建筑均从全国各地农村迁来,按原来组装复原。每座农舍前都设有标牌,记载着房屋的年代、所属地区和原主人的姓名。农舍院落布局及房内陈设都保持着原貌,未经任何改动,从而更生动、更形象地反映了罗马尼亚各时期农民生活和农村经济发展的一个侧面。它们分别体现了不同时代、不同地区和不同民族的风俗特点,其目的是通过集中展示历史上罗马尼亚农村的建筑和装饰艺术、乡村的生活方式和风俗习惯.从一个侧面反映罗马尼亚的传统文化。如陈列的各种生产工具和作坊设备,生动地再现了几百年来罗马尼亚社会的变迁,经济、科技和社会生活的发展。

乡村博物馆不仅是参观游览的好地方,也是民间歌舞演出和手工艺表演的好场所。博物馆每年都举办民间歌舞比赛和手工艺品制作比赛。几十年来,这个世界上最早建立的大规模的乡村博物馆,不仅接待了大量的游人,而且为科学研究和文物保护事业做出了贡献。来自世界各地的专家学者都来这儿进行有关历史、经济、民俗建筑和工艺美术等方面的研究。

在布加勒斯特漫步,随处可以见到教堂。罗马尼亚是东方拜占庭艺术和西方哥特式艺术的交汇处,能充分体现这两种建筑艺术互相影响、渗透与交融的就是经过数百年保存下来的东正教教堂。布加勒斯特全市共有 270 余座东正教教堂。最有代表性和独特风格的是多姆尼塔-巴拉萨教堂和克雷楚列斯库教堂。前者在共和国广场附近,后者在胜利大道 47 号,建于 1702 年。在 1977 年大地震中,两座建筑都受到严重损坏,现存的是按其原样进行修复的。坐落在斯特冒达-波斯塔路 4 号、建于 1720 年的斯塔弗莱波罗斯大教堂也是一座颇具代表性的建筑。有些教堂如奥拉里教堂和圣玛丽亚修道院,在布加勒斯特旧城改造时,因它们本身具有很高的保存价值,被建筑部门用整体搬移法挪到其他地方供人参观。这些古老建筑与现代化楼房互相辉映,组成一幅幅美丽和谐的画面。

在布加勒斯特旅游,晚上最好的选择是看歌剧。全市共有 19 座歌剧院,如罗马尼亚大剧院(即国家大剧院)建于 1853 年,在欧洲颇有名气,内部的装修完全现代化。其他如罗塔纳歌剧院、塔娜莎剧院,都是 19 世纪的老剧院,古色古香,也都在市中心。位于乔治乌-德治大街 70 号的罗马尼亚歌剧院是 1953 年的建筑,里面富丽堂皇。歌剧艺术在罗马尼亚历史悠久,很受人们喜爱。一些世界著名歌剧,如《浮士德》《茶花女》《卡门》《蝴蝶夫人》《费加罗的婚礼》,经常在这里上演。

布加勒斯特属于温带大陆性气候,四季分明,气候宜人。冬无严寒,夏无酷暑,全年最佳季节为春、秋两季。景点众多,交通便捷,早在1975年就开始修建地铁,目前约有100公里的地铁与火车站、汽车站相通。市里公共汽车系统也比较完善,出租车也很多。布加勒斯特也是全国的交通枢纽,不仅有四通八达的铁路线和公路网,而且拥有全国最大的现代化机场——奥托佩尼国际机场,与国内各大城市及世界上多个国家都有定期的班机来往。总之,布加勒斯特是一个让人流连忘返的地方,是一个名副其实的"欢乐之城"。

"国王的王冠"——布拉索夫

在罗马尼亚的中部、南喀尔巴阡山的北麓,坐落着一个安静秀美的城市——布拉索夫,因其优越的地理位置而被人冠以"国王的王冠"的盛誉。这座城市也被称为"新布拉格",它在建筑、城市景观、生活方式上与布拉格有相似之处,也有着博物馆、教堂、老城区的石板路、城堡等中世纪的欧洲景象。如今布拉索夫已成为举世闻名的旅游城市,也是罗马尼亚重要的文化和体育中心。

布拉索夫是布拉索夫县中心,人口约34万。1251年,布拉索夫首次被载入历史典籍,那时名为布拉萨乌。13世纪中叶,来到这里的萨斯人把这个名字改为"王冠之市"。长期以来是仅次于克鲁日的特兰西瓦尼亚地区经济、文化中心。布拉索夫也是全国重要的交通枢纽,有国际铁路、现代化公路干线及航空线经此。第二次世界大战后,布拉索夫成为罗马尼亚仅次于布加勒斯特的第二大工业中心,以生产拖拉机和卡车为主的机械制造工业著称,在1947年生产出了罗马尼亚第一台国产拖拉机。布拉索夫城区分为新区和旧区。新区主要是住宅、学校、商店和现代化工厂等建筑；旧区主要是保存较完好的古建筑群，迄今保持着当年的风貌。城里有布拉索夫特兰西瓦尼亚大学、与中国沈阳建筑大学合作建立的孔子学院等教育机构。始建于 1940 年的布拉索夫特兰西瓦尼亚大学是罗马尼亚中部规模最大的综合性大学，拥有 43 个学科和研究领域。城里还有不少古老的博物馆、城堡和中世纪的哥特式黑教堂等建筑古迹。

布拉索夫市中心

黑教堂是特兰西瓦尼亚地区最大的天主教教堂，也是东南欧地区最大的哥特式教堂。黑教堂始建于 1383 年，修建时间持续了近百年，到了 1477 年才最终建成。教堂长 89 米，宽 38 米，高 65 米，规模宏伟，结构匀称，坚固美观，墙壁呈黑色，具有晚期哥特式的建筑风格。黑教堂有 5 个大门，主要入口处的门是最古老的。在侧门的方形抱柱上，有许多小的希腊神像雕塑，造型美观，表情丰富。黑教堂的命名与一场暴动引发的大火有关。1689 年，布拉索夫城的手工业艺人发生暴动，哈布斯堡王朝的驻军无力控制局面,惊慌失措之下,驻军头目下令烧城。顿时全城多处起火,教堂附近也着了火,教堂木结构部分被焚毁,石质的墙壁也被熏黑,远看呈黑色,重建后,外墙仍呈黑色,后来人们就称其为"黑教堂"。在这之后,黑教堂还经历了两次小火灾。黑教堂内现藏有119件来自土耳其的安纳托利亚地毯和建于19世纪下半叶的大型管风琴,有4000多根管子,这架管风琴至今仍可使用,在每年圣诞节到来之际还要举行管风琴音乐会。多项国际性的音乐比赛也给这个地方营造出浓浓的艺术氛围。

建于14世纪的什克伊博物馆,原为圣尼古拉宗教学校,是罗马尼亚第一所用罗马尼亚语授课的学校。它在传播罗马尼亚的民族文化特别是在推广本民族的语言方面,起过重要的作用。最初,学校使用当时东正教正式语言——斯拉夫语教课,从15世纪起改用罗马尼亚语。1560年,这所学校采用刻板印刷法印制出全国最早的罗马尼亚文书籍。后来罗马尼亚政府在此设立"布拉索夫什克伊博物馆",陈列并展出了古老的印刷机和印制的书籍。布拉索夫的古城区有一条"Rope Street"(绳索街),是欧洲最狭窄街道之一,街宽1.32米,一个人行走尚没有问题,但如果两人迎面相遇,就必须得侧身过去。不长的街道却是弯曲的,从这一端并不能看到另一端,若有行人走过来,"只闻其声,不见其人"。旧时这里作为消防员专用的消防通道,现在是许多摄影爱好者的取景地。走在其间,仿佛身处以中世纪欧洲为背景的游戏里。位于市区西南10公里还有一个波亚纳-布拉索夫体育和旅游中心。"波亚纳"在罗马尼亚语中意为"林中空地"。这里是罗马尼亚内地最大的夏季旅游中心、冬季滑雪场。这里不仅景色秀丽、空气清新,还有很多现代化的宾馆、滑雪跑道、缆车等设施,吸引了许多慕名而来的游客。

"欧洲文化之都"——锡比乌

锡比乌位于罗马尼亚特兰西瓦尼亚南部，是锡比乌县的首府。最早是由德国开拓者于 1190 年建立的，开拓者们大部分是撒克逊商人，从 14 世纪起，它就成了一个重要的商贸中心，是罗马尼亚日耳曼民族最集中的地方。在 17 世纪时成为东西欧交流的中途站，是当时七座城镇中最重要的一个。后来在哈布斯堡王朝的统治下，罗马尼亚东正教会的地位得到承认，锡比乌成了大主教辖区，对外交流变得更频繁，城市更趋繁荣。在 1848—1867 年间，锡比乌代表特兰西瓦尼亚地区向哈布斯堡王室提出扩大选举权，于是它成为特兰西瓦尼亚地区会议的所在地。第一次世界大战以后，奥匈帝国解体，罗马尼亚等国家纷纷从奥匈帝国独立出来，锡比乌从此就成为罗马尼亚的一部分。

锡比乌城是具有古老文化传统的城市，早在 1300 年就建了一个大图书馆。1530 年建立了罗文印刷厂并出版了很多罗文书籍。18 世纪成立了大剧院，同期布鲁根达尔男爵收集了很多有价值的油画、彩画、古书、古董珍宝及文献手稿等，后来成了该城博物馆的核心藏品。许多文化名人都来此进行文化教育活动。1861 年建立了特兰西瓦尼亚公国的罗文化艺术协会，并在民众中广泛传播文化知识。锡比乌虽然历史悠久，却充满现代活力，一年一度的罗马尼亚爵士音乐节就在锡比乌举办，这里因此被称为"爵士之都"。锡比乌还有"露天博物馆"之称，曾被评选为"欧洲八大最适宜居住的田园城市之一"。这个历史与现代并重、文化与艺术并存的美丽城市在 2007 年被欧盟认定为"欧洲文化之都"，大大推动了旅游业的发展。锡比乌及其周边地区成为到访罗马尼亚游客最常拜访的地方之一。这个地区还保存着昔日的历史景观及中古时代的军事防御建筑，2004年，联合国教科文组织把该军事防御建筑列入世界遗产。锡比乌现在是罗马尼亚最为繁荣的城市之一，也是外资在罗马尼亚投资最多的城市。

这座中世纪的老城内随处可见巴洛克风格和哥特式风格的建筑，体现出中世纪古城的绚烂气度，有"橡树之城"的美称。锡比乌古城分为上城区（Upper Town）和下城区（Lower Town）。古时上城区是富人区，也是锡比乌的商业中心，包括教堂、博物馆在内的几乎所有著名景点全都汇聚于此。林立此区的建筑多以巴洛克式、哥特式风格为主。上城区主要由三个云集众多博物馆的广场组成，分别是大广场、小广场和胡特广场。大广场位于城区的中心地带，其占地面积也是全古城最大的一个，它曾是粮食交易市场，周围有很多中世纪建筑。下城区原本是平民区和制造中心，遍布色彩鲜艳的房屋、壮观的城墙、古老的防御塔。上下城区以一座铁桥为界，它也是特兰西瓦尼亚地区的第一座铁桥，又名"谎言桥"（The Bridge of Lies），建于1859年。至于因何得名，其实非常简单：德语中"下桥"Liegenbrücke与英文"谎言"（Lie）是谐音，人们将错就错，"谎言桥"就这么叫开了。但本地人却流传着两个说法：一是在桥上说谎桥会崩塌，二是情侣们在此立下的誓言都不会实现。所以桥上也就没有同心锁。最令人难忘的还要数这座城市神秘的"眼睛"，几乎所有建筑的屋顶，都有两个甚至多个"眼睛"，无论何时，只要一抬头，你就能感觉到那锡比乌的眼睛正笑盈盈地看着你，显得神秘而又诡异。斑驳的老房子屋顶上那一双双有灵性的眼睛似乎会说话。这些"长了眼睛的房子"，就成了锡比乌的标志之一。

每个城市都有属于自己的一座主教堂,锡比乌也不例外。上城区胡特广场上的路德会圣母大教堂为全木搭建,73.34 米的高顶是全市最高的建筑,登顶可以俯瞰整个老城区的景色,远眺整个特兰西瓦尼亚地区的山峦。主教堂也叫"福音大教堂",是 1520 年在罗马宫殿上建造的,哥特式的一大带四小的尖塔和顶上有非常漂亮的马赛克,是特兰西瓦尼亚特色的建筑风格。隐藏在小巷中的这座教堂,是东正教大教堂,于 1902—1906 年间在前希腊教会的位置上修建,是罗马尼亚第二大东正教教堂,大小不一的拜占庭式的圆顶是它的特色。

锡比乌拥有多个博物馆,包括布鲁肯撒尔博物馆、民间传统文明博物馆等,其中布鲁肯撒尔博物馆为罗马尼亚境内最古老的博物馆,于 1871 年开馆,馆藏丰富多彩。此外,锡比乌及周边地区更有大量的展览馆及博物馆,主题包括艺术、考古、人类学、历史等,也是游客的观光热点。

"小维也纳"——蒂米什瓦拉

蒂米什瓦拉是罗马尼亚西南部最大的城市和经济、文化中心,巴纳特地区的历史古都,市区面积约 129 平方公里,与塞尔维亚接壤。民族以罗马尼亚人为主,但是也有相当数量的马扎尔人、德国人、塞尔维亚人,以及一些巴纳特保加利亚人、意大利人、希腊人、犹太人和罗姆人。考古发掘表明,在新石器时代和罗马时代这里就有人居住,最早于 1212 年被载录在案,称为罗马兵营泰梅什堡,14 世纪成为沼泽地中部的一个要塞。1552 年土耳其人占据该镇。1716 年被奥地利人夺取。1718 年签订《帕萨罗维茨条约》后,人们称该城和该地区为泰梅什堡的巴纳特(Banat of Temesvar),归维也纳统治,并有非马扎尔人来此定居,大多为士瓦本日耳曼人。1848 年该城抵抗匈牙利革命派的围攻,历时 107 天。1919 年塞尔维亚占领此地。1920 年根据《特里阿农条约》划归罗马尼亚。

　　蒂米什瓦拉市中心给人的第一印象就是这里都是风格一致的老建筑。从 18 世纪开始,奥地利人占领了这块土地,然后对市中心进行重建,把街道拉直,全部建筑都以巴洛克风格为标准。到了 19 世纪,城市再次进行大规模改造。为此,市政府于 1904 年专门设立了城市总规划师的职位。在此期间,拆除了废弃的城堡和军事设施,在原址上建了新的街区。胜利广场和统一广场那些华丽壮观的宫殿、教堂、广场纪念碑等等都是这次改建的成果。该城由于历史上长期受哈布斯堡王朝统治,深受奥地利文化影响,所以被称为"小维也纳"。不难看出,除了建筑,就连当地人的容貌气质,都透露出奥匈风情,浸染着维也纳文化气息。如果你仔细观察,你还会发现,受多民族的影响,蒂米什瓦拉有些建筑也散发着其他少数民族的文化气息。比如楼宇低矮,色彩鲜艳,装饰纷繁,显然包含着匈牙利建筑文化的元素。

　　蒂米什瓦拉景点相对集中,市中心的主要景点是三个广场和一个大教堂。胜利广场也叫歌剧院广场,"89 革命"后又有人称之为革命广场。该广场中心建筑是歌剧院。以坐北朝南的歌剧院为轴心,右边有 7 座 19 世纪建的宫殿,全部为巴洛克建筑风格。虽然历经百年沧桑,至今仍雄伟壮观,令人叹为观止。左边是"二战"后修建的楼房,厚实古朴。这一左一右被历史划分为一贫一富两个世界。右面的宫殿是富人区,左边的楼房是平民区。导游告诉我们,当初两个区域的人分开出入,互不往来。所谓歌剧院大楼,其实既不华丽,又不高大,左右两旁建筑都很低矮。因为这个广场所在地原是一块沼泽地,地基很软,不能建高楼大厦。歌剧院以南有一座本地区最大的天主教教堂,也建立在沼泽地上。为了稳固地基,底部打了 1600 根金属桩子。今天,这座碧瓦朱檐的教堂富丽恢宏,是罗马尼亚最漂亮的教堂之一,也是革命广场最靓丽的风景。

蒂米什瓦拉是一个文化中心,设有数所高等教育机构,包括蒂米什瓦拉大学(1948 年建校),还设有国家剧院、国家歌剧和芭蕾舞剧院、爱乐交响乐团及图书馆。蒂米什瓦拉的剧院可以使用罗马尼亚语、匈牙利语、德语,导演、演员都同时懂这三种语言,这在世界上任何一个国际性大都市都是少见的。不光是剧院,当地的多数居民也都能讲三种语言。蒂米什瓦拉是著名的教育和工业中心,以医药、机械和电子产品著名。它是第一个使用电灯作为街道照明的欧洲城市(1884 年),由此证明,早在 100 多年前,蒂米什瓦拉已经是一座科技相当发达的城市。

熟悉蒂米什瓦拉历史的人都知道,罗马尼亚 1989 年政变的起源地就是在蒂米什瓦拉的市中心。因此,罗马尼亚人称这座城市为"革命之城""烈士之城""89 革命的摇篮"。

"特兰西瓦尼亚之心"——克鲁日-纳波卡

克鲁日-纳波卡市(简称克鲁日市)是罗马尼亚西北部历史悠久的特兰西瓦尼亚地区的心脏,也是罗马尼亚第三大城市。克鲁日地处雄伟秀丽的欧洲第二大山脉喀尔巴阡山内腹地,三面环山。克鲁日市经济富裕,社会治安良好,物价水平低于北欧、西欧。它是国内和国际交通的枢纽,拥有国际机场和多条横跨欧洲的铁路干线,经济地位极其重要。

克鲁日市历史悠久,公元 11 世纪以来,一直是特兰西瓦尼亚地区及中东欧的政治、商业、文化、艺术和科学中心,也是一个古老的文化中心。这座城市有 30 多万人口,主要居民是罗马尼亚族和匈牙利族,主要教派是天主教和东正教,常用语言有罗马尼亚语、匈语、英语和意大利语。位于市内最高处的古城堡,是人们观赏整个市貌的最佳观望点:青山包围着城市,房屋隐没在绿树中,那些红色和绿色屋顶,还有教堂的塔顶在树木和绿地中闪现,再罩上夕阳的余晖,景色极美,古朴自然。清澈的索梅斯河水环绕古城堡而过。城市内有多处大面积绿地和公园,随处可见需要三四个人才能合抱的百年大树,各种美丽的鸟儿在大树上欢快地生活栖息。城市的道路蜿蜒起伏,随山势和树木长势而建,铺着不知经过了多少世纪和多少人踩踏过的小方石墩,只有几条行驶公交车的主要街道是由沥青铺成。街道两旁的建筑和公用设施大多历史久远,但很结实耐用。漂亮的古老建筑大多是教堂、政府机关和学校,显示出城市悠久的历史和古朴的风貌。

　　该市中心老城区仍然保持着原来古城的风貌,最引人注意的是位于市区高处有 800 多年历史的古城堡,索梅斯河环绕而过,成了天然护城河,易守难攻。过河进入市区就是解放广场,有 14—15 世纪时建的罗马天主教圣·米歇尔教堂,19 世纪时,又在这座哥特式建筑旁建了一座高塔,两座古建筑浑然一体,很值得一看。广场前面有 1902 年塑造的马特伊·科尔文(匈牙利的罗裔国王)骑马雕像。克鲁日有一座占地 11 公顷、东南欧地区最大的植物园,种植全球各地带的植物,园内溪流淙淙,别有一番天地。在亚洲花草栽种区,还建有小巧玲珑、造型别致的东方小凉亭,游人来此小憩,可观赏多姿的花卉,感受沁人心脾的芳香。这里培植有 300 多个品种的玫瑰,包括世界上著名的白玫瑰等,因而被称为"玫瑰花王国"。该植物园与世界上 84 个国家的 500 多个城市的植物园交换资料和种子。在国际比赛中,此园培植的珍贵品种屡次获奖而誉满全球。

克鲁日市拥有丰富的历史和现代文化生活旅游资源。同时,作为一个文化中心,是国内外知名的教育和文化中心,有众多的国际游客和来自 40 多个国家/地区的留学生。克鲁日是个大学城,市内设有 6 所大学,世界上第一个研究洞穴学的科研机构就设在该市。罗马尼亚最古老、最知名的巴比什-波雅依大学便坐落于此。因为大学的每个学院遍布全城,当地人常说"克鲁日市坐落于巴比什-波雅依大学中"。来自中国的浙江科技学院与巴比什-波雅依大学合作建立的孔子学院办公场地就位于该大学的经济管理学院内。每逢重要节假日和周末,学生都回家过节或出城度假,商店关门,城里显得非常安静。街道上只可见到少数车辆、几个步行老人和到处觅食的无主野狗。待假日一结束,学生们回到城里,城市又变得喧嚣热闹起来。

这里是温和的大陆性气候,是海洋性气候和大陆性气候的过渡带,空气湿润,水资源充足,黑色肥沃的土地适合多种植物生长。克鲁日海拔 315 米,受地理位置的影响,这里四季分明。春季较短,大西洋暖流将城市周围一望无际的山峦瞬间吹拂得青绿,到处生机盎然;夏季较长,暖热多雨,气温凉爽,白天气温从没超过 30 摄氏度,是最佳避暑胜地,各种蔬菜和水果开始大量上市;秋季风和日丽,秋高气爽,平均气温在 10 摄氏度左右,俊秀的峰峦、幽静茂密的山林和绚丽的风光吸引众多的外国游客,是旅游的黄金季节;冬季漫长,寒冷多雪。

克鲁日附近的图尔达地下盐矿是世界最古老的盐矿之一,位于地下百余米深处。顺着地道走入幽深的矿井中,沿途墙壁上镶嵌有盐石。这里不仅完好保存了当时工人作业的环境,展示用于挖矿的工具,还有娱乐设施齐全的地下游乐区。幽深的坑洞底部灯火通明,你可以在这里打保龄球、迷你高尔夫球,在地下湖中泛舟畅游，这里甚至还拥有一座小小的摩天轮和圆形剧场。

"精神文明之都" ——雅西

　　罗马尼亚著名的历史学家尼约尔加曾经说过：谁没有到过摩尔达维亚的古都雅西，谁就不能真正理解罗马尼亚人的民族感情。在历史上，雅西一直是全国的文化和艺术中心，以文化城的形象为世人所瞩目，被誉为罗马尼亚的"精神文明之都"。

　　雅西是罗马尼亚东北部的城市，建在普鲁特河支流巴赫卢伊河畔几个小山丘上，东距摩尔多瓦边界 13 公里。雅西在1564—1859 年为摩尔达维亚公国的首都，1859—1862 年与布加勒斯特同为摩尔达维亚与瓦拉几亚联合公国的首都，1916—1918 年为罗马尼亚王国的首都。1859 年摩尔达维亚公国和瓦拉几亚公国统一，建立罗马尼亚，首都才迁往布加勒斯特。城市四周环绕着葡萄园和苹果园，古城堡等历史遗迹到处可见，吸引了众多的游客前来观光。雅西古城历来是罗马尼亚乃至东欧的文化艺术中心，据史料记载，18 世纪罗马尼亚有识之士就开始在雅西兴办罗文学校，宣扬民族语言，创办书报出版印刷机构，普及科学文化知识，提高国民知识水平。1835 年雅西建起罗马尼亚第一座高等学府——米赫伊列亚纳学院，1860 年成立雅西大学，是罗马尼亚最早成立的大学，已有 100 多年历史。罗马尼亚第一座民族剧院、第一个科学院也均在此地诞生。如今的雅西是一座大学城，一条南北走向的林荫道连接着所有的学院，意气风发的年轻学生来来往往，散发着青春与自信。此外，雅西还是名副其实的"诗书之乡"。据称，雅西现拥有 12 座文学纪念馆，在世界文坛享有盛誉的罗马尼亚浪漫主义诗人米哈伊·埃米内斯库曾在此地写下一生中最重要的诗篇。悠久的历史、传统的文化、美如诗画的自然景色,孕育出了无数的罗马尼亚名人,其悠久的文化传统也赢得了"罗马尼亚文化摇篮"的美誉。

罗马尼亚历史上许多著名的作家、诗人、艺术家,如 17 世纪的大编年史家格里戈雷·乌雷凯、米龙·科斯延、瓦西列·卢普大君,18 世纪的杰出学者、哲学家、作家兼历史学家迪米特里耶·坎泰米尔(其著作闻名于当时的欧洲科学界),小说家克良格和萨多维亚努,音乐家波隆贝斯库,伟大的罗马尼亚文学大师瓦西里·亚历山穆里、米哈伊·埃米内斯库等,均出自雅西或在雅西进行过创作活动。最早用罗马尼亚文印刷的诗歌、文学作品、书籍和艺术作品都是在雅西发现的。第一个科学院也是在雅西诞生的。现在,雅西已成为摩尔达维亚的科学文化中心,设有罗马尼亚科学院一个分院、一所科研机构、一所大学和五所高等专科学校。

三圣教堂在历史上对传播罗马尼亚民族文化曾起过重要作用,从 104 年起,该教堂就开始印刷出版罗马尼亚文书籍,开办高级罗马尼亚文中学,是罗马尼亚最早的中学。罗马尼亚历史上的著名作家扬·克良格曾在此学习过,著名诗人埃米内斯库曾在此处任督学。遭第二次世界大战期间的炮火轰击后,这座教堂依然得以完整保留。艺术博物馆中的绘画馆是罗马尼亚国内最早开设的绘画馆,包括罗马尼亚艺术和外国艺术两大部分,有自 18 世纪以来罗马尼亚国内最著名的画家的作品,多数系原件,其中 19 世纪时最负盛名的画家格里戈冒斯库的作品被单独列为一室。外国绘画按意大利、西班牙、荷兰、法国、德国、俄国等依次分开,多是由摩尔达维亚公国的君主、大臣及一些著名的文人、学者捐赠。民俗博物馆由"国民生活""手工艺""风俗习惯"三大部分组成。展品中一些中世纪物品原件在罗马尼亚国内是非常珍稀少见的。工业博物馆有"动力""声音的录制和传送""电讯"三个展室，罗马尼亚最早用过的汽车、发动机等均在此展出。

"黑海明珠"——康斯坦察

康斯坦察是罗马尼亚历史最悠久的城市之一，曾经被希腊和土耳其占领过，还被称为"穷土耳其的小渔村"。不过现在的康斯坦察已经是罗马尼亚最大的港口城市、最大的造船中心和通往五大洲的门户，还是全国最大的夏季旅游中心和海滨度假的好去处，被誉为"黑海明珠"。康斯坦察与海做伴，一到夏季，这里就成了罗马尼亚人钟爱和向往的地方，来自世界各地的几十万游人也会蜂拥而至。

康斯坦察历史悠久，有文字记载的历史有 2000 多年。康斯坦察由古希腊人创建于公元前 6 世纪，时称托米斯，其意思就是"小块小块的土地"，是罗马尼亚最古老的地区之一。据说此意与希腊神话传说中的"美神"美狄亚的故事有关。美狄亚是科尔喀斯国王之女，她曾帮助伊阿宋取得"金羊毛"。当时伊阿宋与阿尔戈英雄们一道乘阿尔戈舟出发，去海外寻找"金羊毛"时，就是从这儿动身的。美狄亚来到海边，而她父亲也追到此地，美狄亚为了摆脱父亲的控制，把她的小兄弟杀了并分割成一小块一小块，扔进海里。国王把小块小块的肉拾起来并在陆地埋葬。据说，当时这块土地还像现在的多瑙河三角洲一样，许多地方都是一小块一小块的沼泽地。

康斯坦察港地处多瑙河-黑海交通道口的战略要地，一边是浩瀚无比的亚洲市场，另一边则是中欧和东欧的工业地区。从黑海出发，经过博斯普洛斯海峡和达达尼亚海峡，进入地中海，就可通向全球各大海洋。康斯坦察港已不仅是罗马尼亚的重要口岸,而且成了欧洲地区的"东大门",迄今已成为欧洲地区的第四大港、黑海最大港。

康斯坦察港不仅仅是黑海海岸的入口和大港口,这里还是一个有着悠久而有趣的历史的地方,在康斯坦察老城区里,有许多罗马遗迹、历史建筑、教堂和清真寺等。在老城的海滨沿岸,还有一座人气极旺的水族馆。2010年5月中国三只小海豚不远万里来到了康斯坦察自然科学博物馆,一时成为万众瞩目的明星,受到了当地民众的热烈欢迎。康斯坦察赌场坐落在俯瞰黑海的悬崖边,是一座令人惊叹的新艺术建筑,也是今天最美丽的建筑之一,并成为康斯坦察的地标建筑。赌场周围的海滨行人区则是该市最受欢迎的步行长廊。奥维德广场是康斯坦察老城里的中心广场,其名称源自罗马尼亚的第一位主要诗人奥维德。公元8年,罗马皇帝奥古斯都将奥维德放逐到托米斯,即现在的康斯坦察。奥维德广场上矗立着奥维德的青铜雕像,由意大利雕塑家 Ettore Ferrari 于 1887 年设计。

各具魅力的传奇人物

　　凡是遥远的地方，对人们都有一种诱惑，这种诱惑不是来自美得令人窒息的风景，就是来自亦真亦幻的传奇。自然的神奇力量和历代的传奇人物，造就了罗马尼亚独具一格的民族文化，宛如一颗璀璨的明珠镶嵌在巴尔干半岛上。在旅游业发达的今天，若提起罗马尼亚，人们最先想到的莫过于吸血鬼德古拉了。不过，近几十年来，罗马尼亚还出现了比德古拉更重要、更真实的传奇人物，比如见证了罗马尼亚近百年发展史的"末代国王"米哈伊一世、致力于抗衰老研究的伟大科学家阿斯兰博士、获得了诺贝尔文学奖的移民作家赫塔·米勒等。他们的人生故事或是传奇中的平凡，或是平凡中的传奇，诉说着人世的沉重与世事的变迁，造就了他们博大的胸襟、开阔的眼界和卓越的成果。

"吸血鬼的故乡"——说不尽的德古拉

　　在罗马尼亚，有一个神秘的城堡，传说它是世界头号吸血鬼居住的地方。

　　如果你看过汤姆·克鲁斯与布拉德·皮特这两大好莱坞帅哥联合主演的电影《夜访吸血鬼》，恐怕就不难想象游客们到达罗马尼亚后急着要去参观"吸血鬼城堡"的心情。据说，电影中那个恐怖阴森的吸血鬼世界就起源于这里，了解这座城堡，就了解了这个神秘世界的大半。

　　吸血鬼是一个从古希腊时就开始在西方流传的神魔形象，从一开始就被看作是散播死亡的魔鬼，据说它们白天睡在棺材里，晚上出来活动，专咬人的脖子，害怕大蒜、十字架。当然国家不同，地区不同，人们脑子里的吸血鬼形象也不尽相同。其中，罗马尼亚的吸血鬼——德古拉（罗马尼亚文，意为恶魔之子或龙之子）最为著名。这在很大程度上要归功于爱尔兰作家布兰姆·斯托克 1897 年的吸血鬼小说《德古拉》，其中的虚构人物吸血鬼德古拉伯爵是以罗马尼亚著名的弗拉德·德古拉王子为蓝本的，而地点则是以特兰西瓦尼亚的布朗城堡为背景。这部吸血鬼小说相当成功，风靡一时，发行了数百万册，以至于一提到吸血鬼，人们首先想到德古拉，德古拉几乎成为吸血鬼的代名词，其家乡特兰西瓦尼亚也成为许多人趋之若鹜的旅游胜地。尽管罗马尼亚有着秀美的风景和绚丽的文化，但是"吸血鬼的故乡"一下子成了罗马尼亚旅游的代名词；尽管罗马尼亚人很不喜欢以此为噱头吸引游客，但是探访德古拉故乡依旧是许多游客罗马尼亚之行的主要目的。

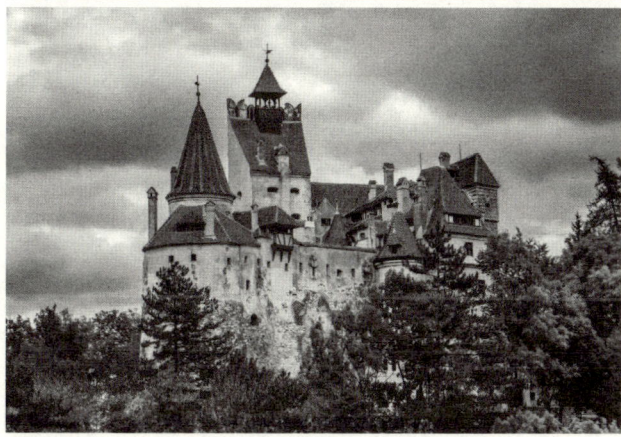

布朗城堡

　　真实世界中的弗拉德·德古拉是什么样子的呢？其实他是罗马尼亚历史上最著名的人物之一，并没有小说上描写的那样可怕，在某种程度上还可以称他为英雄。他于1456年当上瓦拉几亚公国（当时的罗马尼亚三个公国之一）大公以后，一直致力于发展国家经济，鼓励同西欧国家贸易。弗拉德还整顿了军队，同时，由于弗拉德与特兰西瓦尼亚的复杂关系，他的许多措施增强了特兰西瓦尼亚的军事实力，在土耳其奥斯曼帝国的阴影下保持独立。为他引来德古拉外号的是他惯用的严酷刑罚。弗拉德习惯把犯人毫不留情地钉死在削尖的木桩上，而且他动不动就用刑，不管是抓到的外国间谍，还是国内的窃贼、贪官，就是教士背后嘀咕人也要受严刑。这不免得罪人，口碑不好，可正是这些严厉措施将当时的罗马尼亚变成了一个团结、强大的国家。只可惜好景不长，1462年弗拉德在与土耳其人的战斗中被杀。因为不断的战争和严酷的社会环境，弗拉德的出色功绩和成就很快被埋没，但人们却记住了他的木桩刑，记住了他的严刑酷罚。在人们眼中，弗拉德的形象变成了一个可怕的吸血鬼，他居住的布朗城堡也就变成了吸血鬼的根据地。

　　布朗城堡距离布拉索夫约30公里，现在也被称为"德古拉城堡"。这座城堡原是匈牙利国王于1377年开始兴建的，本是用来抵御土耳其人的防御工事。1382年建成后，这里逐渐成了集军事、海关、当地行政管理、司法于一身的政治中心。布朗城堡的地势极为险要，建在一个小山包上，背靠难以翻越的大山，俯瞰从山谷中穿过的大路，从路上经过的哪怕一只飞鸟也难逃城堡主人的眼睛。据说，在弗拉德统治时期，为了使人们全都走城堡下的大路以便收税，城堡里驻扎的兵丁每天早上、傍晚出动两次，前往附近能翻越的地方巡逻，如果不是当地人，只要让巡逻队抓住就免不了受到严惩，这其中当然免不了有许多冤死鬼,所以几百年过去了,这座城堡仍然被恐怖的鬼魂传说笼罩。

以前,吸血鬼城堡根本没有门,想进去的话只有跑到城堡南边,沿着上面扔下来的绳梯爬上去。据说这是因为城堡的主人害人无数,所以害怕有人找他报复。进得城堡,走入一个宽敞的门厅,里面只摆了几个外形粗犷的青铜罐,没有窗户,光线幽暗,阴气森森。从城堡里的装饰看,这里与其说是吸血鬼逞凶的阴暗地狱,倒不如说更像个富丽的皇宫:制作考究的家具、五彩斑斓的挂毯,居然还有管风琴。布朗城堡现在已经被改造成了历史、艺术博物馆,各个时期的东西都有。这里的武器陈列室里摆着各种武器,有古代的长矛、罗马尼亚盔甲、不同时代的火枪,还有日本的长刀,使人不由得联想起城堡经历过的风风雨雨。布朗城堡中最有特色的要数它的 4 个角楼。这些角楼或储存火药或装了活动地板,专门为向围困城堡的敌人泼热水而设计,各有各的职能。4 个角楼之间有走廊相连,走廊外墙上都有射击孔,杜绝了射击死角。整座城堡成了一个很严密的战斗堡垒,简直是滴水不漏。

这座城堡在 1948 年被罗马尼亚政府收归国有前属于自 17 世纪便统治罗马尼亚的哈布斯堡家族。罗马尼亚政府在 20 世纪 80 年代晚期曾对该城堡进行了大规模的整修并将其改造成为一个博物馆对旅游者开放。在被收归国有 58 年后,罗马尼亚政府于 2006 年 5 月决定将布朗城堡归还给原王室成员,远居美国的多米尼克·哈布斯堡王子成为该城堡的新主人,接收了这一价值约 2500 万美元的古堡。根据罗马尼亚政府与多米尼克达成的协议,虽然是物归原主,但城堡的新主人在未来三年内不得对这座作为博物馆开放的城堡做任何改动。布朗城堡目前依然是罗马尼亚境内最热门的景点,每年有超过 50 万游客来此探寻吸血鬼,漫步于阴森的走廊间,体验小说和电影中的场景。

"末代国王"——米哈伊一世的跌宕人生

2017年12月5日,一位96岁的耄耋老人在瑞士的家中溘然长逝,结束了他跌宕起伏、风雨飘零的传奇人生。这位老人就是罗马尼亚末代国王米哈伊一世,他曾是欧洲年龄最小的国王,也是两次登基的国王,更是大半生在异乡流亡的国王。米哈伊一世最为人称道的事迹是在"二战"末期斩断与轴心国的联系,并领导罗马尼亚军队在东欧战场上为同盟国助攻。他的行动令"二战"结束时间提前数月,挽救了成千上万人的生命,因此获得了美国颁发的功绩勋章和苏联颁发的胜利勋章。他在晚年重获罗马尼亚国籍之后,又自愿承担罗马尼亚半官方外交使者的角色。自1997年起的近10年时间,他多次出访欧洲诸国,为罗马尼亚加入北大西洋公约组织和欧盟奔走游说。他的游说获得了不少国家元首和国际机构领导人的支持,罗马尼亚先后于2004年和2007年加入了这两个组织。

欧洲许多国家有数百上千年历史,但罗马尼亚自1918年作为独立、统一国家的历史却只有短短100年,米哈伊一世恰恰见证了罗马尼亚近一个世纪的历史,经历了罗马尼亚近代、现代到当代的巨大变革与发展。他也是最后去世的"二战"时期欧洲国家元首,亲历了罗马尼亚与美苏两个超级大国之间的风风雨雨。

1921年10月25日,米哈伊一世在喀尔巴阡山脉地区出生。他的父亲是前罗马尼亚国王卡罗尔二世,母亲是来自希腊的海伦公主。和众多欧洲王室成员一样,米哈伊一世的曾曾祖母是英国的维多利亚女王,他也是英国女王伊丽莎白二世和菲利普亲王的表亲。1947 年,米哈伊一世参加了还是英国公主的伊丽莎白二世和菲利普亲王的婚礼;1981 年,威尔士亲王查尔斯王子与戴安娜·斯宾塞成婚时,米哈伊一世也是宾客之一;2011 年 4 月 29 日,他又见证了剑桥公爵威廉王子和凯特·米德尔顿的婚礼。

米哈伊一世(1921—2017)

在短暂的罗马尼亚君主制时期,米哈伊一世曾经在幼年和青年时期两次登上王位。其父亲卡罗尔因与有夫之妇的丑闻被剥夺了王位继承权,他在 4 岁时成为王储。两年后的 1927 年,他的祖父斐迪南一世死后,尚不足 6 周岁的米哈伊一世当上了国王。然而 3 年后,1930 年 6 月 8 日,米哈伊一世的父亲卡罗尔突然回到罗马尼亚,与罗马尼亚国内的政治家发动政变,逼迫米哈伊一世退位,自己登基,加冕成为卡罗尔二世,9 岁的米哈伊一世突然从欧洲最年轻的君主"降级"为王储。据英国《卫报》的描述,米哈伊一世在少年时期十分讨厌父亲当时的伴侣,非常思念身在海外的母亲。后来,他成长为一个沉默寡言、有语言障碍的青年。

1940 年 9 月,安东内斯库将军逼迫卡罗尔二世退位,18 岁的米哈伊一世再次成为国王,一直到 1947 年。但此时的罗马尼亚国王更多地承担着礼节性职责,很少出现在公众面前。实际上,1940—1944 年的罗马尼亚由扬·安东内斯库将军掌权,实行亲德政策,在第二次世界大战前期加入轴心国阵营。但米哈伊一世和母亲为在罗马尼亚境内制止残害犹太人等的屠戮行为做出了一定努力,也因此引起了纳粹分子的极度不满。

"二战"后期,罗马尼亚共产党逐渐认清战争形势,决定起而反对法西斯主义,参加同盟国作战。1943 年米哈伊一世开始与反法西斯同盟建立联系。1944 年夏,在苏联红军向罗马尼亚境内的德军发动强大攻势的形势下,米哈伊一世和罗马尼亚共产党合作。在这种大好形势下,罗马尼亚共产党与国王决定于 8 月 23 日举行起义。这天下午,米哈伊一世把来到王宫求援的安东内斯库及其政府成员逮捕,交给埃·波德纳拉希指挥的爱国卫队看管起来。逮捕法西斯集团头目便成为武装起义的开始。8 月 23 日,国王发表了广播声明:废除法西斯专政,停止针对反法西斯联盟各国的军事行动,接受苏联政府于 1944 年 4 月 12 日提出的停战条件,准备进行反对希特勒德国、解放自己祖国的战争,接着便成立了以萨那特斯库将军为首的新政府。苏联军队进驻罗马尼亚后,罗马尼亚军队加入盟军,全力以赴参战,做出了巨大牺牲。1944 年 10 月 12 日,罗马尼亚成立了由罗马尼亚共产党、社会民主党、统一工会和农民阵线等组织参加的国家民主阵线。1945 年 3 月成立了联合政府,罗马尼亚共产党成为国家的领导力量,并取得很大发展。国家经济也步入正轨,逐步走上中央计划经济的道路。

米哈伊一世试图保留君主立宪制,可惜最后没能成功。他已经没有了实权,仅负责礼仪性事务。1947 年 11 月,米哈伊一世前往伦敦,参加表妹伊丽莎白公主与菲利普王子的婚礼。婚礼上,他遇见了后来成为他妻子的另一位表妹、波旁家族的安妮公主。1947年12月30日,罗马尼亚人民共和国成立。米哈伊国王正在佩雷斯城堡准备新年聚会,他接到首相格罗查的电话,要求他回布加勒斯特参加一个紧急会议。当他走进自己在布加勒斯特的伊丽莎白宫时,发现等在那里的,不是他的家人和王室卫队,而是首相的卫队和首相本人。首相向他宣布,罗马尼亚已决定废除君主制,王室财产已被没收,他已不再是国家元首,国籍也被取消,所以必须尽快离开罗马尼亚。首相还递给他一份打印好的声明要他签字,称自动放弃王位前往他国。面对全副武装的卫兵,沉默片刻的米哈伊一世,只得默默地在声明上签下自己的名字。那一年,米哈伊一世26岁。当天晚些时候,罗马尼亚向全世界发消息:国王已经退位,罗马尼亚王国已经变成罗马尼亚人民共和国。新年第三天的1948年1月3日,米哈伊一世离开罗马尼亚。

1948年6月10日,米哈伊一世与其表亲安妮公主在希腊的首都雅典结婚。由于安妮公主是罗马天主教徒,受到罗马天主教教会法的约束,这使得她需要得到一份与非天主教基督徒(米哈伊一世是东正教徒)结婚的特许。因此,这对夫妇就这次婚姻向教皇请求豁免。当时,如果非罗马天主教的配偶允诺以后他们所生的孩子都会信仰罗马天主教,这种特许通常都会给予。然而,米哈伊一世拒绝了这一要求,因此米哈伊一世与妻子的婚姻并没有得到教皇的豁免,直到1966年,他们的婚姻才被罗马天主教会视为有效。婚后,他们先后居住在意大利佛罗伦萨、瑞士洛桑、英国汉普郡,最后定居在瑞士。这位前国王,做过农场主、股票经纪人、飞行员和企业家。这对夫妇的婚姻持续了近70年,是世界上最为持久的王室婚姻之一。两人共生育了5个女儿,分别是玛格丽塔公主、埃琳娜公主、伊莲娜·沃克公主、索菲公主和玛丽公主。

　　对于这位流亡中的君主,《卫报》文章称,几位公主小时候对父亲的印象是"沉默、悲伤又严肃"。而《华盛顿邮报》的描述是:高高瘦瘦的米哈伊一世出现在公众面前时几乎永远穿着得体的西装,打好领带。他的英语带有上流社会的痕迹,同时听得出罗马尼亚口音。曾多次采访过米哈伊一世的罗马尼亚记者在 BBC 撰文指出,虽然米哈伊一世不是优秀的演说家,但他总能清晰地表达自己的观点,展现出满腔的爱国热情;他谦恭有礼,不傲慢自大,也不会拒人于千里之外。出于一种使命感,米哈伊一世非常希望自己能有机会返回祖国。

　　直到 20 世纪 90 年代,罗马尼亚政府才重新接纳了这位末代国王。离开祖国 43 年后,米哈伊一世在几位家庭成员的陪同下,于 1990 年 12 月的圣诞节,持丹麦外交护照,乘飞机回到罗马尼亚。罗马尼亚官方给他的是 24 小时过境签证,他原本打算去阿尔杰什的库尔泰亚大教堂,祭奠自己的父母和祖先,并参加圣诞弥撒,但未获允许。入境不到 24 小时,米哈伊一世和家人在罗马尼亚警察的押送下到奥托佩尼机场,再次离去。1992 年,罗马尼亚政府批准了他回布加勒斯特过复活节的申请,但是拒绝了他在伊丽莎白宫发表演讲的要求。于是他只能在酒店的阳台,向专程前来的围在广场上的百万听众发表演讲。直到 1997 年,76 岁的米哈伊一世再次拿回国籍,成为罗马尼亚公民。之后,他一半时间住在瑞士,一半时间住在罗马尼亚。2001 年,罗马尼亚议会确认,米哈伊一世享有等同其他罗马尼亚前政府首脑的权利,并允许他在有生之年使用伊丽莎白宫。同年,他通过法律诉讼赢回被没收的王宫塞比什堡。塞比什堡位于罗马尼亚北部城市阿德拉附近,1943 年由米哈伊一世及其母亲购买。近年来,米哈伊一世作为唯一在世的"二战"时期欧洲国家元首多次受邀参加"二战"胜利纪念活动,他和安妮王后的回归也被看作是罗马尼亚国家统一和团结的象征。2005 年 5 月 9 日，俄国总统普京在莫斯科向米哈伊一世颁发了"伟大卫国战争胜利 60 周年"勋章。

　　2017 年 12 月 5 日下午 1 时，米哈伊一世在其位于瑞士日尼瓦湖欧博讷的寓所中离世，享年 96 岁。他虽然客死他乡，但终于叶落归根，他的遗体返回了故里。12 月 17 日，罗马尼亚为前国王米哈伊一世在首都布加勒斯特市举行国葬。成千上万的罗马尼亚人前来为国王送行，不少欧洲和欧洲之外的王室成员也参加了葬礼。米哈伊一世是德国霍亨索伦王族后裔，是英国维多利亚女王的曾外孙。英国的查尔斯王子参加了他的葬礼，罗马尼亚总统安克劳斯·约翰尼斯参加了追思仪式。约翰尼斯在米哈伊一世逝世的当天宣布，罗马尼亚全国将设立哀悼日。他对媒体记者说：米哈伊一世国王在罗马尼亚历史上留下了浓重的一笔。葬前为国王举行了东正教宗教仪式，此处正是1940 年米哈伊一世第二次加冠的地方。

"长生不老国"——阿斯兰博士与"婕柔薇达"

　　罗马尼亚是世界上著名的"长生不老国"，据说这与罗马尼亚人长期饮用本国的矿泉水有关，罗马尼亚的矿泉水含各种微量元素，能预防多种疾病。当然更重要的是罗马尼亚有位闻名于世的治疗老年病的权威医学教授，她就是安娜·阿斯兰博士。她发明的抗老药使用者中 80％以上的人推迟和减缓了衰老，世界卫生组织由于她在防老医学和老年病学方面做出的突出贡献，向她颁发了"莱昂·伯纳德"勋章。阿斯兰博士创建了世界上第一座防老病学研究所，为了人们的健康长寿奋斗终生，在医学领域为人类做出了宝贵的贡献。

　　安娜·阿斯兰 1897 年 1 月 1 日生于布勒伊拉的一个知识

安娜·阿斯兰（1897—1988）

分子家庭,是索菲亚和玛格丽特·阿斯兰夫妇的四个孩子中最
小的一个。13 岁时安娜·阿斯兰的父亲去世,她和家人离开故
乡,移居布加勒斯特。1915 年,安娜毕业于布加勒斯特中央学
校。16 岁时,安娜·阿斯兰梦想成为一名驾驶布里斯托尔-康
达单翼机的飞行员,但父亲的早逝最终促使她决心要成为一名
医生。虽然当时医学领域并不是妇女涉足的理想职业,但阿斯
兰认定这是她所要追寻和参与的道路,她甚至通过绝食促使母
亲让步。最终她如愿就读于布加勒斯特医学院(今布加勒斯特
卡罗尔·达维拉医药大学)。第一次世界大战期间,她在雅西
后方军医院照顾伤兵,1919 年战争结束后返回布加勒斯特,担
任权威神经病学家格奥尔基·马里内斯库的助手。1922 年,安
娜·阿斯兰从医学院毕业,成为布加勒斯特二级诊所初级医
师,并在丹尼尔·丹尼尔洛波卢教授(罗马尼亚生物学家、临床
医学和药理学家)的指导下,攻读研究生和撰写博士论文,1924
年获心血管生理学医学博士学位。此后,她在慈善医院、布加
勒斯特医学院临床医学研究所、蒂米什瓦拉医疗诊所、罗马尼
亚铁路医院从事教学和医疗工作。1945—1949 年在蒂米什瓦
拉任临床医学教授。1949—1958 年任布加勒斯特内分泌研究

所生理学研究室主任,在康斯坦丁·伊·巴洪教授(罗马尼亚内分泌学权威、罗马尼亚人民共和国国家主席)领导下工作,这是她从事老年学事业的起点。她的研究集中在生理学和老龄化进程上,被认为是社会医学的先驱,以"老年学"一词闻名于世。

据阿斯兰博士的研究,人本应该活过 100 岁,是后天因素使多数人只能活到 80 岁以下,她研究的重点是使人的老化过程慢下来,其计划越年轻时开始越好。1952 年,安娜·阿斯兰在布加勒斯特附近的奥托佩尼创立了布加勒斯特国立老年学和老年医学研究所(今安娜·阿斯兰老年学和老年医学国家研究所),1958—1988 年任布加勒斯特国立老年学和老年医学研究所所长。1959 年组织创立罗马尼亚老年学和老年医学协会并担任主席。罗马尼亚老年学会是世界上第一个将其研究引入临床、实验和社会研究的社会组织,它制订防治老龄化进程的治疗策略,组织和建立国家防治老年病的健康网络。1969—1971 年任世界预防医学和社会保障联盟主席。1969—1974 年任罗马尼亚社会主义共和国最高卫生委员会委员。1974—1975 年任最高卫生委员会副主席。1974 年当选为罗马尼亚社会主义共和国科学院院士。

安娜·阿斯兰是提出"抗衰老"概念的第一人,是细胞学领域的顶尖科研专家。她和她领导的研究团队致力于研究和调查细胞分解的原因和导致老化的过程,建立了人类生物体重要功能的再生和刺激的原始治疗方法,以"安娜·阿斯兰疗法"(Therapy Ana Aslan)之名而闻名全球。1952 年,安娜·阿斯兰发明维生素 H3(Gerovital H3,以下简称 GH3)医药制品,也称普鲁卡因,用于治疗衰老和老年疾病,这是一种具有防治老化作用的药物,如对抗老年疾病、动脉粥样硬化、白癜风、硬皮病等。后来发现了普鲁卡因的营养再生性。1958 年,该药品开始准备大规模投入制药生产线。同时继续在养老院开展研究,并强调普鲁卡因在缓解与年龄相关的营养不良障碍上的重要性。1956 年,安娜·阿斯兰在德国的老年病学大会上介绍了她的研究结果,在那里她受到一些人的质疑,不过普鲁卡因在那时被认为是许多牙医使用的轻度麻醉剂。要使专家们接受青春之泉并不容易,为了证实她的成果,阿斯兰博士组织了一个庞大的研究计划,在 2 年的时间里,收集了超过 1.5 万人的血液样本,来自 140 个诊所的 400 名医生参加了实验。那些接受药物的人是健康的,但他们正在衰老。有些人接受 Gh3,其他人接受了一次安慰剂,但是除了管理药物的医生,其他人都不知道是什么。服药的人中有 40％左右病假较少。当时流感疫情影响到华约组织国家,接受安慰剂治疗的患者死亡率为13％,而接受 Gh3 治疗的人群死亡率仅为 2.7％。1961 年,她进一步改进了配方。1976 年,她和埃列娜·珀罗维拉加努合作研发了新抗衰老产品 Aslavital,这是与 Gh3 类似的药物,旨在延缓皮肤老化过程,1980 年获得专利。近几十年来,有 20 多万名患者慕名来罗求医,希望恢复身体活力和健康。患者中既有普通人,也有名流学者;既有外交官,又有军界人士等著名人物。

安娜·阿斯兰博士还创立了世界上第一个抗衰老药妆品牌"Gerovital(婕柔薇达)"。1957 年,GH3 被引入意大利维罗纳老年医学国际大会。GH3 抗衰老配方由著名的医药研究员委托给位于克鲁日-纳波卡的 Farmec 公司和位于印度的 Miraj 公司生产。1967 年,第一瓶 GH3 面霜在 Farmec 实验室问世,两家公司已经实现多元化化妆品,传统的盐酸普鲁卡因已经从配方中消除了。此后,Farmec 公司不断推出 Gerovital(婕柔薇达)抗氧化防衰老系列产品,包含精华液、面霜等,主要用于治疗皱纹、各种斑纹及角化病。该系列产品及其服务经罗马尼亚卫生部批准,于 2005 年 9 月 23 日得到世界知识产权组织认证法令的授权,在美国、瑞士及罗马尼亚的医院和药房推行,2016年进入中国市场。Gerovital 已在 30 多个国家获得专利,最初被认为是奇迹药,具有平衡营养神经系统的作用,具有改善各种心理障碍的可见效果。

安娜·阿斯兰博士关于永恒的青春和美丽的设想,以及她的成果在全世界都非常受欢迎和赞赏。安娜·阿斯兰博士的研究活动及其成果使她在国际上享有广泛赞誉,1967 年被授予罗马尼亚社会主义共和国一级"科学功勋"勋章,1971 年被授予德意志联邦共和国(西德)一级联邦十字勋章,1973 年被授予意大利共和国"欧洲德拉努埃尔骑士"奥斯卡奖,1974 年被授予法兰西共和国学术界棕榈叶勋章(官员勋位)。1979 年 6 月,她应中华人民共和国卫生部的邀请来华进行学术交流和访问,访华期间受到陈慕华副总理的接见。1978 年被授予菲律宾荣誉外国公民和荣誉科学教授称号。1981 年被波兰-斯洛伐克老年学会授予荣誉会员证书。1982 年被世界卫生组织授予世界卫生组织利昂·伯纳德基金奖,以表彰她在老年学和老年医学的发展做出的重要贡献。

安娜·阿斯兰直到步入晚年,一直是一位非常令人钦佩、有魅力的女人,有着迷人的光彩。她从未以被动的方式接受老龄化,因为她知道健康的皮肤和年轻的外表作为一个很好的组合是多么重要。她将她的创造力全部归功于老年病学,并通过美容和药物治疗的方法来保养身体。她一直使用自己研发的药物治疗自己,直到 91 岁都保持头脑清醒,从外表上看,她就如一位 60 岁左右的人。1988 年 5 月 20 日,安娜·阿斯兰教授在布加勒斯特逝世,享年 92 岁,阿斯兰凭自身实践成就了一个"抗衰老"的活教材。

"无家可归者"——赫塔·米勒与诺贝尔文学奖

2009 年 10 月 8 日,瑞典文学院宣布罗马尼亚裔德国女作家赫塔·米勒获得 2009 年度的诺贝尔文学奖。曾翻译出版过米勒作品的皮特安顿赞誉米勒是一个了不起的作家:"在罗马尼亚,她有着独特的生活经历。她撰写了那些非同一般的生活。但是这不仅仅是政治讽喻的写作,这些作品充满诗意且圆融一体。"诺贝尔文学奖评委会在给赫塔·米勒的授奖辞中写道:赫塔·米勒"以诗歌般的凝练和散文式的率直,描写了无处为家者的生活状态"[1]。无处为家即是米勒生存和写作状态的生动写照。米勒自出生即面临双重身份的尴尬:在她离开罗马尼亚之前,她是德裔罗马尼亚人,在移居德国后她又被称作罗马尼亚裔德国人,依然面临如何融入德国社会这一难题。无论在罗马尼亚还是在德国,赫塔·米勒都觉得自己是"局外人""边缘人"。这种自相矛盾的双重身份成为她无法摆脱的精神折磨,同时这种缺失性体验反而促成了她的写作,成为对个人不幸、命运不幸、种族不幸的艺术诠释。

1953 年 8 月 17 日,赫塔·米勒出生于罗马尼亚西部巴纳特地区一个偏远落后的德裔聚居地尼特基多夫。尼特基多夫位于罗马尼亚西部的蒂米什瓦拉县,几个世纪前由移居而来的德国人和奥地利人修建,始终使用德语,保留德国文化。近一个世纪以来,这里的人口不断减少。对于绝大多数罗马尼亚人

---

① 孔艳梅、祝志春:《解读赫塔·缪勒的文学维度》,《时代文学》2011 年第 4 期,第 14 页。

来说,尼特基多夫是名不见经传的穷乡僻壤。米勒的获奖让她的出生地也在一日之间闻名于世,这无疑改变着这个小地方的命运。"今天,尼特基多夫终于出现在了地图上!"尼特基多夫镇长伊万·马斯科韦斯库激动地说,他为自己的家乡出现了一位诺贝尔奖得主而感到自豪。据马斯科韦斯库介绍,米勒出生的房屋已归国家所有,不过,"这里有一块她继承所得的土地"。米勒的父母均属于罗马尼亚境内以德语为母语的少数民族,她的父亲和叔叔都曾在"二战"期间为纳粹德国的武装党卫队效力。这段夹杂了纳粹记忆的过往让她饱受折磨。

米勒在大学期间加入了罗马尼亚德裔青年作家组织的"巴纳特行动小组"。这一作家团体追求言论自由与创作自由。1987年,米勒与丈夫移民西德,成为一名职业作家。

米勒说:"布加勒斯特不是我的家,蒂米什瓦拉不是我的家,到了西柏林——冷战时期所谓的自由世界桥头堡,我发现这里仍然不是我的家。"这种在世界上无根的、异类的状态,让米勒的作品深刻触及人类共通的困境,饱含一种复杂而深切的痛苦——不见天日的痛苦,旁观他人痛苦的痛苦,由人及己的痛苦,对落入圈套、被逼迫、被摆布、被勒索、被戏耍、被分类、被羞辱的恐惧所带来的痛苦。对于罗马尼亚人来说,米勒不是流亡德国,而是回到母国;而对于德国人来说,米勒却只是会说德语的罗马尼亚人。米勒的"异乡人"身份无疑对她日后的文学创作产生了深远的影响,移民者对家乡的怀念、对自己在移民国家生存的艰难困境和待遇等,都是她创作的素材。

随着时代的发展,移民作家逐渐从离散知识分子的视角不断思索、审视自己的离散行为、故国的历史与文化,尤其是对文化认同的追问。1982年米勒发表的短篇小说集《低地》以巴纳特村庄为背景,以当地德裔居民的生活为原型,展示出了一个被遗弃在现代文明和思想启蒙之外的另类世界。在米勒的小说中,罗马尼亚和德国都不是主人公的家园,对作者本人亦是如此。离散者的游离状态和缺失的归属感注定了米勒要在一种陌生和孤独的氛围中无休止地流浪,难以找到精神的归宿。米勒作品的特点是语言简洁,大量运用诗的语言和隐喻、象征、暗示等写作技巧。沉闷的主题往往在她优美的文辞和意象隐藏的幽默中得到缓解。[①] 尽管米勒的母语是德语,但她对罗马尼亚语的语言魅力十分痴迷,甚至认为这种语言要比德语更有美感和表现力。"如果母语是皮肤,无时无刻无条件地伴随左右,罗马尼亚语就是另外一双眼睛,另外一种观看世界的角度。罗马尼亚语的视角已经融入米勒的德语写作,使得她体察事物精细入微,语言感觉尤为敏锐。"[②]

　　米勒曾表明她尝试通过写作来建构出自己的个体存在:"当我父亲死了之后,我越来越多地想到,我的童年因为充满沉寂而不存在,我的童年不属于我。我开始写下我的童年中的经历,为了让我通过语言获得这些经历。我必须了解,那个我头脑中的村子让我变成了什么。"[③]尽管后来移居德国 20 年,她依然认为在罗马尼亚的生活是最令她难以忘怀的经历。这致使德国人认为:尽管她身在德国,尽管她的母语是德语,她仍然是罗马尼亚人。米勒对于"故乡"的质问与批判从她最早的处女作《低地》开始,从来都没有停歇过,让人窒息绝望的巴纳特乡

---

　　① 王振平:《赫塔·米勒——获诺奖的文学边缘人》,《世界文化》2009 年第 11 期,第 4 页。

　　② 胡蔚:《政治·语言·家园——米勒的文学观》,《探索与争鸣》2010 年第 1 期,第 74 页。

　　③ 李双志:《乡土经验与世界文学——试论莫言与赫塔·米勒的文学创作的异同》,《当代外国文学》2010 年第 2 期,第 55 页。

村生活成为米勒主要的创作来源 。移民作家写作群体的特征与其离散身份都有很大的关系,如果没有离散的经历,他们不可能为文学的发展史呈现出这么多优秀的文本。赫塔·米勒作为全球化的离散写作者之一,受不同环境和文化的熏陶,得以以全新的视角审视自己的民族文化。

绚丽神奇的民俗风情

罗马尼亚原为达契亚王国,公元 106 年被罗马帝国征服,成为罗马帝国富饶的边陲省份。后来当地的达契亚人与罗马人,又加上后来入侵的日耳曼人、斯拉夫人等相融合并混居,到10 世纪末形成了罗马尼亚民族。在拉丁语里,罗马尼亚是"罗马人的国家"的意思。截至 2018 年,在当地人口中,罗马尼亚族占 88.6%,匈牙利族占 6.5%,罗姆族(即吉卜赛人)占3.2%,日耳曼族和乌克兰族各占 0.2%,其余民族为俄罗斯族、土耳其、鞑靼等,占 1.3%。罗马尼亚人性情友善,热情直爽,乐于助人,文明程度比较高。居住在多瑙河沿岸的罗马尼亚人民,伴随着《蓝色多瑙河》欢快跳动的节律,创造出了独具特色的民族文化。绝美的自然风景与传统名胜让这个国度平添了几分浪漫柔情,丰富多样、别具一格的传统习俗与文化更令罗马尼亚美名远扬。

"默尔齐绍尔节"——罗马尼亚人的多彩生活

罗马尼亚的节日繁多、数不胜数,有民间节日、宗教性节日,还有法定节日。在民间节日中,最有意思的要数 3 月 1 日的"默尔齐绍尔节"(Martisor)。[①] Martisor 一词来源于拉丁语,

---

① 李秀环、徐刚:《罗马尼亚》,社会科学文献出版社 2016 年版,第23 页。

是 3 月的意思，象征着万物复苏，大地回春。按照民俗传统，这一天男士要向女子赠送名为 Martisor 的护身符，相传这种护身符会给佩戴者带来好运。现在这种护身符一般都做成胸花的样子，由造型迥异的小饰物和红白色的两股丝线拧成的线绳组成，因此"默尔齐绍尔节"也称为"胸花节"。据说古代的罗马尼亚人把 3 月的第一天当作是对太阳神的祭日，母亲们会用一根红线和一根白线搓成一根细绳，再串上金币或银币，制成"三月花"项链或手链，戴在孩子的脖子或手腕上祈求吉祥如意。红线代表太阳，白线代表圣洁，而银币代表太阳的一块，象征着神的火花和上帝的崇高精神。佩戴"三月花"的时间是在太阳升起之前或日出的时刻，孩子们戴上后就与太阳神融为一体，神就会赋予他们力量，带来吉祥。"三月花"要一直戴到梨树开花，有的地区戴到候鸟归来。"三月花"从脖子上或手腕上摘下来后，要挂在果树上，这样果树会在一年当中无虫害，无病灾，枝繁叶茂，果实累累。

　　早在 2 月中下旬，商贩们就在街头摆起了很多摊位，铺满五颜六色、琳琅满目的胸花，远远望去就像一片片盛开的鲜花，在阳光的照射下熠熠发光。胸花上的小饰物造型丰富，有星座、蝴蝶、狗、象、心、花等图案。制作的工艺与材质也很丰富，最常见的是塑料材质，物美价廉，其他材质有镀金镀银的或者金属的，造型奇巧、做工精致，当然价格也不菲。笔者第一次在罗马尼亚过"默尔齐绍尔节"的时候，还误以为是妇女节呢，因为当天看到好多女性朋友胸前都戴上了漂亮的胸花，自己也收到了同事与学生们送的胸花，特别欣喜也特别感动。后来才了解到，这是罗马尼亚国家和民族的一个独特的传统节日，以特殊的方式迎接春天的到来。走在街头，随处可以看到穿着靓丽的女性胸前佩戴着玲珑剔透的胸花，真是一道春意盎然、美丽无比的风景。"默尔齐绍尔节"就像是罗马尼亚人多彩生活的象征,充满了活力和希望。

罗马尼亚是一个基督教国家。罗马尼亚总人口中有99.8%的人有明确的宗教信仰,只有0.2%的人是非宗教信仰者或者无神论派。截至2018年,东正教是罗马尼亚第一大宗教,教徒人数占全国总人口的86.5%。其他主要宗教还有罗马天主教、新教、五旬节派、希腊天主教、浸礼教派等。因此,圣诞节是罗马尼亚重要的宗教性节日之一,也是罗马尼亚全年最热闹的节日。人们在节前就忙着准备礼物、采购食品,在圣诞节前夕与家人团聚在一起享受大餐。最开心的莫过于孩子,就等着圣诞节收到一大堆圣诞老人送来的礼物。一般在12月份,幼儿园里总是会精心准备一场演出,孩子们在舞台上载歌载舞。等到节目一结束,就会有一位背着一大包礼物的圣诞老人走进来,孩子们先是发出惊喜的欢呼,然后就一拥而上围住圣诞老人,开心地等着领取礼物。有的家庭会别出心裁地让家中某一位男士扮演圣诞老人,在平安夜的时候敲门来给孩子们送礼物。在节日期间,也会有儿童组成的合唱队挨家挨户地唱圣诞歌,为大家送祝福。圣诞节之后最重要的宗教节日就是复活节了。一般在复活节前的星期五,罗马尼亚人会进行斋戒,一整天不吃不喝。到了复活节晚上,人们都去教堂参加弥撒,手持一根点燃的蜡烛。仪式结束后,人们会带着这根"复活之光"蜡烛回家,并将该蜡烛作为圣物保存一年。复活节彩蛋是复活节里最重要的食物象征,意味着生命的开始与延续。罗马尼亚人绘制的复活节彩蛋有当地流传下来的独特的图案,色彩鲜明,形式各异。每当复活节来临,亲朋好友之间要互赠复活蛋以示祝福,孩子们最喜欢的就是诸如"绘蛋""寻蛋""赠蛋""碰蛋"等活动,节日氛围特别浓厚。

罗马尼亚的法定节日有每年 1 月 1 日的元旦、5 月 1 日的劳动节、12 月 1 日的国庆日和 12 月 25 日的圣诞节。除此之外,还有纪念历史和政治事件的 5 月 9 日独立日和 10 月 25 日建军节。

除了丰富多彩的节假日,罗马尼亚的传统服装也是绚丽多姿、美观悦目。这些独具民族特色的服装,保留了 2000 多年前达契亚人服装的基本特点,但又因各地区、各民族的差异而呈现出不同的风貌,具有鲜明的艺术特征。罗马尼亚的民族服装色彩鲜艳,比例匀称,雅致大方,而且随着人们的性别、年龄、职业、居住地区和所处季节的不同呈现出各种各样的变化。在节庆活动里,罗马尼亚人大多爱穿传统的民族服装。服装款式多样,镶有刺绣花边,通过浓重色彩对比和简洁的花边取得协调效果。男子都喜欢穿白色的宽袖衬衣和白色的裤子,将裤脚塞在长筒靴里,并常在腰间扎一条宽皮带,或者华丽的编织腰带。女装主要由上衣和下装裙子组成。上衣多是用白色的丝织、棉织、麻织或毛织衣料缝制而成,通常为袖管宽大、袖口收紧、绣花镶边的圆领罩衫。领口上绣有精美的花纹,特别讲究。女装下身的裙子以长及脚踝的裙子为主,宽松自如、舒展灵活,通常用红色、黑色、蓝色或绿色的毛料。上面贴有用各种色彩搭配和谐的丝绒,并绣有玫瑰、百合、水仙、石竹等花卉图案,有的还绣有各种动物的图案。除了穿裙子以外,她们还喜欢罩上遮裙,上面绣着各种几何图形和人体等不同特征的图案。衣裙之间,通常用一根漂亮的腰带系着,别具风采。罗马尼亚各民族人民用他们的智慧与灵巧,为罗马尼亚传统服装增色添彩,很好地传承了数个世纪以来的文化。

"民以食为天"——舌尖上的罗马尼亚

民以食为天的观念源远流长,反映了几千年文明史和农业

发展的密切关系。可以说，人们对于吃的重要性的认识贯穿于
各国文明发展的历史长河，罗马尼亚也不例外。罗马尼亚的饮
食非常丰富，虽然是欧洲国家，但他们的饮食习惯却很"东方"：
烹饪方式上，罗马尼亚人喜欢用煎、炒、炸、烤的方法制作饭菜；
调味品上，习惯用盐、胡椒粉、生葱、大蒜、辣椒调味。其烹饪方
法还兼有法国、俄国、土耳其等国的烹调形式，相对欧洲大陆其
他国家的美食，罗马尼亚的美食更容易让中国人接受并喜欢。
外国人去罗马尼亚，热情好客的当地朋友一定会力荐牛肚汤、
烤肉肠和酸菜卷这三道传统大菜。牛肚汤（Ciorba de Burta）
是罗马尼亚最传统的酸汤，是用新鲜牛肚与洋葱、胡萝卜等熬
制而成的，并加入鲜奶油、麦麸醋、蒜汁，烹制方法比较复杂，一
般要用半天的时间。味道非常浓郁醇厚，配上面包和青辣椒，
酸辣香浓，味道鲜美，绝对是独一无二的美食。各种香肠是罗
马尼亚的特产，其中烤肉肠"糜奇"被认为是罗马尼亚最具特色
的传统美味，是男女老少都喜欢的食物。烤肉肠是一种用猪、
牛、羊肉馅等加上特殊调料和苏打配制而成的无衣肉肠，烤好
后配上黄芥末、番茄酱、蒜汁及薯条青菜等一起吃，色味俱佳。
据罗马尼亚全国护农协会统计，罗马尼亚人每年消费"糜奇"约
4.4亿个，总重量2万到2.5万吨。而每年的五一国际劳动节
是罗马尼亚"糜奇"肉肠消费最多的一天，全国总消费量约3000
万个。酸菜卷一般搭配玉米糊食用，被称为 Sarmale si
mamaliga，是罗马尼亚最有代表性的家常饭菜。这道菜的做法
一般是：把卷心菜叶蒸软后，包上洋葱、肉馅、面包末、米饭、盐、
胡椒等，放在锅里煮上一两个小时。吃的时候配上玉米糊、酸
菜、辣椒和鲜奶油，肥而不腻，丝滑爽口。

　　对于罗马尼亚人来说，肉食是必不可少的。猪肉的需求最
大，其次就是牛肉、羊肉、禽肉等。面包也是不可或缺的，几乎

每餐必食。超市里可以买到各种各样不同形状和味道的面包。罗马尼亚的家庭主妇很能干,逢年过节宴请亲朋好友时,总会准备一桌丰盛的晚餐。正餐通常是以汤开始,然后是主菜(一般是烤猪肉、牛肉或鸡肉),最后上甜点。当地还有一些开胃菜特别受青睐,比如用猪杂灌入猪肚熬制成的猪杂糕、半生肉皮、茄泥沙拉等凉菜。其中茄泥沙拉(Salata de vinete)的做法很独特,是用新鲜的茄子放在明火上烤,待烤软并发出香味后,用木勺敲碎,然后加上沙拉油等捣成泥,一般抹在面包片上食用。餐后的甜点也是丰富多样,大多是主妇们亲手烘烤制作。一些搭配果酱、奶酪的点心口感细腻、色泽迷人,品尝后让人心旷神怡,唇齿留香。比如帕帕纳西(Papanasi)是由软炸糕搭配甜奶酪、果酱等做成的甜品,色泽鲜亮、酥甜可口;还有克拉提(Clatite)是用软煎饼卷上果酱,看上去有点像中国的煎饼果子,但味道却是香甜软糯的。

罗马尼亚人也喜欢喝酒,罗马尼亚的红葡萄酒和白葡萄酒在国际上享有盛誉。当地人还喜欢喝一种名为"Tzuica"的酒,是由当地产的一种李子制作的白酒。通常是在餐后饮用,据说有助于消化。这种酒自家也可以酿制,好客的罗马尼亚人经常会把这种酒送给来做客的朋友。

罗马尼亚还有一些与众不同的饮食文化,当地人视盐和面包为生活中必不可少的食物。客人到来,最隆重的礼节是由主人家的姑娘托着盘子向客人送上面包和盐,客人需拿一块面包蘸盐尝一下。一般在城堡或者重要场合都会有这种让客人品尝盐和面包的礼仪。罗马尼亚人是能歌善舞的民族,喜爱一边用餐,一边进行交谈,并有乐队伴奏或听音乐的习惯。因此,他们用餐的时间比较久,每道菜之间相隔较长,有时一顿饭要吃上好几个小时。尤其是逢年过节,他们在宴席上经常吃着喝着就会站起来翩翩起舞,一顿饭持续的时间就更长了。

"快乐公墓"——罗马尼亚的世外桃源

在罗马尼亚最北部马拉穆列什县的萨潘塔村(Sapanta),有一座美丽的公园,看上去五颜六色、花花绿绿,里面的布置错落有致、妙趣横生,前来拜访的游客无不心情愉悦、满面春风,好像来参加什么庆祝仪式似的。谁会想到这么一个欢快明朗、色彩缤纷的乐园竟然是一座远近闻名的"快乐公墓"(Merry Cemetery)。这里没有肃穆的白色和阴沉的黑色,没有怅然的叹息和潸然的泪水,更没有逝者的照片和家人的悼词,取而代之的是五彩斑斓的墓碑、生动的绘画浮雕和俏皮的押韵诗,仿佛是在庆祝生命而非哀悼死亡,有谁不向往这么一个快乐的归宿呢?难怪被称作"罗马尼亚的世外桃源"!其实萨潘塔村也是一个名副其实的世外桃源,村民依然住着木屋,坐着牛车,因此这里有着"欧洲中世纪最后的乡村"的美名。

"快乐公墓"来源于当地村里的木匠佩特雷(Stan Ioan Patras)的创意。自从他在1935年做出第一块蓝色墓碑之后,这就成了村里的传统。每块墓碑上的彩色图画和碑文都是他亲手雕刻的。他还会写诗,那些充满乡土味道的碑文都是他根据死者的生平经历和性情特点编成幽默的顺口溜亲手刻在墓碑上的。直到1977年他去世,"快乐公墓"里有700多块墓碑上的图画和墓志铭由他亲手完成,后来新造的墓碑都是出自他的徒弟波普之手。墓志铭所使用的语言大多轻松幽默,看到之后仿佛就是在与逝者进行一次没有距离的交流。这些墓志铭的灵感多来自佩特雷和波普对逝者生前的记忆或是与逝者亲属在守夜时的交流。整个公墓呈长方形,中间是一座乡村教堂。墓碑排放整齐,高低错落,大部分有2米多高。墓碑都是用橡木雕刻而成，然后漆成蓝色，并加上五彩的花卉边框。墓碑顶部为十字架，上半部为介绍逝者的绘画浮雕，下半部则是墓志铭，整个墓碑上还装饰有各种图案。这座"快乐公墓"就像村子的生活缩影，墓碑上彩色的图画和诙谐的文字记录着人们对熟悉的牧师、农民、伐木者、商人、学生、主妇、醉汉等生前的记忆片段。现在还有不少外地人甚至外国人也愿意把死去的家人送到这里来安葬。如今，"快乐公墓"里已经有超过1000块独特的墓碑。

"快乐公墓"里的墓碑和十字架的主体部分都涂上了在当地代表希望和自由的蓝色，象征生命的绿色、象征富饶的黄色及象征热情的红色等明亮欢快的色彩也被用在主题浮雕和装饰图案上。墓碑上没有黑白色的遗像，而是用类似卡通画的方式，以浮雕技法刻画逝者的样貌或是呈现其生前的一些场景。墓碑上的墓志铭通常都是使用第一人称的简短的小诗。这些小诗也许在文采上并不那么出众，甚至偶尔还有拼写错误，但它的内容却非常与众不同。与浮雕相结合，墓志铭通常讲述的是逝者生前的爱好、职业、对人生的感悟、对后人的警醒、对家人的嘱托和祝福及死亡的原因等，当然其中也有一些表达了对生命短暂的不满，或对害死自己的人的仇恨。现撷取几例：

一个从事纺线工作的中年妇女的碑文是一首用罗马尼亚语写的小诗："俺叫玛丽亚，很早就守寡。一人不容易，拉扯三个娃。为了多挣钱，拼命纺棉花。病魔来讨债，把俺带走啦。撒手人寰去，俺才四十八。天天躺在此，看着娃长大。儿已娶了妻，女也出了嫁。心里挺踏实，再也无牵挂。"

还有一个碑文的大致意思是："我在这里长眠。他们叫我珀普-伊利娜。活着的时候，我非常喜欢做饭，手艺也相当不错。我有8个孩子，每天坐在饭桌前等着我端上可口的饭菜。

我把他们喂得饱饱的,告诉他们什么是善,什么是恶,做人要有一颗仁慈的心。村里的人都非常友善,希望他们能够获得上帝的祝福。"

有负疚丈夫约翰·福特为妻子写的碑文:"这儿躺着玛丽——约翰·福特的妻子,但愿她的灵魂上了天堂。我对不起她,即使她下了地狱,也比当我的妻子要好受。"

还有父母为夭折的婴儿写的:"我们的孩子来到这世上,四处看了看,不太满意,所以就回去了。"

死亡在人们的印象中总是悲伤的,但罗马尼亚的这个"快乐公墓"对人的生与死则看得不那么沉重。他们把死亡当成是永生的开始,将本该悲伤的死亡装点上了快乐的光环。他们用独特的墓碑艺术调侃着死亡,因此这座公墓以其透露出的独特死亡态度而闻名于世。整个墓园所营造的充满生机的气氛也使人忘却了死亡的沉重,而更加珍视与逝者共有的回忆并憧憬未来的美好生活。因为这个墓园,偏僻的村庄得以闻名世界,每年都吸引着大批的游客,人们在这里欣赏宛如艺术品般的墓碑,同时获得了对死亡的另一种感悟和认知。

下篇

中罗友谊谱新篇

1949 年 10 月 5 日，中华人民共和国成立的第五天，罗马尼亚即予以承认，并与中国建交，成为世界上第三个与中国建交的国家。此后，两国的交往虽然有过波折和低潮，但总体是稳步发展的，在 20 世纪 50 年代和 70 年代都出现了交流的高潮。2004 年 6 月，中国国家主席胡锦涛在访问罗马尼亚期间，曾经对罗马尼亚总统伊利埃斯库说："中罗建交 55 年来，两国和两国人民始终互相尊重、相互信任、相互理解、相互支持，堪称国与国关系的典范。"

许多中国人尤其是中华人民共和国成立后出生的这一代人，会清晰地记得 20 世纪 70 年代两国之间的亲密交往，回忆起那些年曾流行中国的《多瑙河之波》《复仇》等罗马尼亚电影。进入 21 世纪，随着中国改革开放和国际化交流发展的不断深入，尤其是 2013 年习近平总书记提出"一带一路"倡议以来，中国在推动世界和平与经济发展等方面承担着越来越重要的角色，罗马尼亚成为最早支持该倡议的沿线国家之一。中罗两国在新历史时期的交流和合作必定会在继承优良传统的基础上，呈现一种与以往不同的新风貌。

2019 年是中罗两国建交 70 周年，笔者搜集并梳理了两国交往中的一些线索，以期与读者共同回顾中罗两国交往中的精彩与挫折、成功与失败。有些资料是众所周知的，有些可能并不为大众所详细了解。比如，众所周知，中罗建交是在 1949

年,但实际上中罗两国在 1939 年 10 月 18 日就曾经建立过外交关系,1941 年 7 月 10 日两国断交。这期间到底发生了什么事,使得两国的交往中断? 在此之前,中国和罗马尼亚在历史上是否有过其他接触或交往?

浙江省作为中国主要侨乡之一,也是"一带一路"起点之一,在与罗马尼亚的交流和合作中发挥了怎样的作用? 罗马尼亚浙商的海外创业者有怎样的经历? 这些都将在本篇与读者进行分享。

追根溯源中罗交往史

最早踏上罗土的中国人

从笔者目前所能查到的史料文献来看,中国和罗马尼亚早期的接触或许可以追溯到 4 世纪左右中国北方匈奴人的西迁。他们在西迁欧洲的过程中,曾在古罗马尼亚的土地(即达契亚)上停留并统治过一段时间。

1 世纪,匈奴部落分裂成南北两部分,南匈奴呼韩邪单于投降汉朝,最终与中华民族融为一体;北匈奴受到汉朝和南匈奴的夹击,一路西迁。4 世纪前后,北匈奴人越过东喀尔巴阡山,占据匈牙利平原,并扩张到多瑙河南岸,与东罗马帝国及当地的达契亚人有了直接的接触。从此,在罗马的史书上有了关于匈奴人的一些记载。占领达契亚地区的匈奴人领袖是被罗马史书称为"蛮族之领袖"的乌尔丁。5 世纪初,路阿为匈奴首领,他宣布:凡多瑙河以北之部落,皆应属于他,并要求罗马人正式废止以前和这些小部落分头订立的一切协定,此后所有这些协定都应该由匈奴朝廷去谈判。[1] 路阿的儿子阿提拉王——匈奴最伟大的领袖,占领了东欧大部分地带,领土扩张到以蒂萨河上游为中心,东起南俄草原,西至莱茵河,南抵多瑙河,北到波罗的海的广大地区。达契亚地区就在此领土范围之内。451

---

[1]　W. M. 麦高文:《中亚古国史》,中华书局 1958 年版,第 186 页。

年,阿提拉率领包括哥特人和格庇特人在内的大军进攻西罗马帝国,对西罗马帝国造成严重威胁。然而,阿提拉英年早逝,暴卒于 453 年,年仅 47 岁,帝国自此迅速瓦解。

6 世纪中叶,中国北方的另一支游牧部族柔然在被中原政权和兴起的突厥汗国的夹击下灭国,被迫西迁。据史学考证,7 世纪前后称霸中东欧的阿瓦尔人的祖先就是柔然人。① 阿瓦尔人"建成一个异常辽阔的'帝国',自黑海草原直伸到亚得里亚海。7—8 世纪,阿瓦尔人出现在达契亚,但数量不太大;……虽然他们的统治也不是真正有效的统治,但他们的物质文化对土著人和斯拉夫人的文明有相当大的影响。……8 世纪末,法兰克人和保加利亚人的进攻终于结束了阿瓦尔人的统治;阿瓦尔人败北,分散成小股,逐渐被其他居民同化"②。

13 世纪中叶,中国蒙古族建立起横跨欧亚大陆的大帝国。蒙古国窝阔台汗发兵征讨欧洲诸国。1237 年,蒙古军征服了摩尔达维亚公国,然后又用三年时间征服了斡罗斯(今俄国)的大部分地区。1241 年,蒙古军兵分两路,分别入侵马扎尔(今匈牙利)和勃列尔(今波兰)。三公国也遭到了当时蒙古铁骑的践踏,摩尔达维亚的大部分地区、瓦拉几亚的北部和特兰西瓦尼亚从蒂萨河到穆列什河的平原地区,都被蒙古大军牢牢控制。

匈奴人、柔然人、蒙古军的西迁和西征,对所到之处进行的野蛮屠杀抢掠,给各国人民带来了深重的灾难,对于罗马尼亚来说都是悲惨痛苦的历史,给罗国人民的生命、物质和精神文化都带来了巨大的损失。但是他们客观上也扮演了欧亚大陆上

---

　① 周伟洲:《敕勒与柔然》,上海人民出版社 1983 年版,第 86—88 页。

　② 米隆·康斯坦丁内斯库:《罗马尼亚通史简编》上册,商务印书馆 1976 年版,第 159—160 页。

的游牧民族和农耕民族间文化交流的使者。蒙古铁骑一方面摧毁了许多城市,但另一方面也在辽阔的帝国范围内修建道路、桥梁和驿站,破除王国诸侯间的关卡,使亚欧大陆之间的通道得以恢复,为人员往来提供了便利,突破了东西文明的闭塞隔绝状态,促进了民族交融和文化传播。

第一位来到中国的罗马尼亚人——米列斯库和他的《中国漫记》[①]

中国和罗马尼亚相距遥远,分属东方和西方两个世界,两个国家的历史渊源、文化背景、文学传统及民族心理结构都迥然不同。而且罗马尼亚是个小国,虽然地处欧洲,但远离政治、经济和文化发达的西欧和中欧。罗马尼亚语属于印欧语系中的罗曼语族,是从通俗拉丁语衍生而来的。罗语与该语族的其他语言在词汇上有很大的相似性,例如与意大利语有77％的词汇相似,与法语有75％的词汇相似。在罗曼语族中,罗语属于东部分支。由于罗马尼亚的邻国(摩尔多瓦除外)全部说斯拉夫语族语言和芬兰-乌戈尔语族语言,罗语成为东部罗曼语支中唯一的一种语言,是被斯拉夫语族包围的一座罗曼语孤岛,因此,罗马尼亚语很难进入国际交流。加上西方大国文化的长期排挤,罗马尼亚在历史上无论对中国文化的接受还是本国民族文化的对外传播都比较滞后。

相比中国人于公元4世纪开始大规模踏上罗马尼亚土地,罗马尼亚人踏上中国土地的时间则要晚一些。第一位来到中国的罗马尼亚人,是出生于今罗马尼亚瓦斯卢伊的尼古拉·斯

---

① 尼·斯·米列斯库著,蒋本良、柳凤运译:《中国漫记》,中华书局1989年版。

帕塔鲁·米列斯库(1636—1708)。由于米列斯库原籍是希腊的伯罗奔尼撒半岛,所以有些人曾误以为他是希腊人;还因为他来到中国是受俄国沙皇派遣,所以也有人认为他是俄国人。但经过近些年来的研究,学者们现在基本确认,米列斯库是史书有记载的第一位来到中国的罗马尼亚人。中国清朝史籍称其为"尼果赖"或"米国赖"。他是一位学识渊博、求学和外交活动横跨欧亚大陆的人文主义学者,开辟了一条从莫斯科出发经西伯利亚到达中国的陆上新通道,并在离开中国后详细记录了大量的中国政治、经济、文化、军事等各方面的制度和人文风俗。因此,称他是"罗马尼亚的马可·波罗",一点也不为过。

　　米列斯库生活的年代在 17 世纪中叶至 18 世纪初。他出身名门,6 岁时就进入摩尔多瓦君主创办的雅西三圣御学堂;8 岁时,在老师的带领下,来到君士坦丁堡希腊正教大主教创办的高等学府学习,那里的教师多数都曾在意大利帕多瓦大学学习。米列斯库认真好学,交友甚广,他的同窗好友中不少人后来都成了东南欧地区的政要人物,如耶路撒冷大主教多希特伊、奥斯曼帝廷外务大臣亚历山德鲁、罗马尼亚公国君主谢尔班等。米列斯库学习范围非常广泛,被称为"百科全书",精通历史、神学、哲学和文学,还涉及伦理学、美学、医学、数学、地理、星象学、人种学等;他还有很高的语言天赋,能讲 14 种语言,如拉丁语、希腊语、古斯拉夫语、土耳其语、意大利语等。年轻的米列斯库不仅饱学多才,还颇有心计,善于察言观色,巧妙应对,这些为他日后的政治外交生涯积累了雄厚的资本。

　　米列斯库曾受到摩尔多瓦和罗马尼亚公国几任君主的宠信和器重,他所拥有的爵位使他更加踌躇满志、野心勃发,不满足于当时摩尔多瓦斯特凡尼策大公所赐予的厚禄和荣耀,于是以"空心手杖"向远在波兰的巴萨拉布传递密信,邀他借波兰人的力量取代斯特凡尼策。然而,巴萨拉布不但没答应,还将手杖连同密信一起交给了斯特凡尼策,因此米列斯库被施以劓刑,不得已颠沛流离。直到 35 岁那年,也就是 1671 年,他来到莫斯科,在俄国使节事务部任翻译时得到沙皇器重,命运才开始发生改变。

由于他在莫斯科的出色表现,俄国宫廷感到他是一个不可多得的人才,因此他被沙皇派遣出使中国。他接受的任务包括:第一,开辟经西伯利亚通往中国的陆道并绘制相应的地图,为以后的商旅提供保障;第二,勘察确定俄国与中国的边境;第三,了解中国朝廷的礼仪;第四,建立外交关系;第五,建立贸易关系。

1675 年 3 月 3 日,米列斯库率领 150 余人的使团从莫斯科启程,赴中国。为避免蒙古部落之间的交战所带来的不安全,他们没有走常人之道——“丝绸之路”,而是选择了经西伯利亚的路线。直到 1676 年 2 月 5 日,使团一行才到达嫩江畔的卜魁附近,即现在的齐齐哈尔,受到当地首领的远迎。清朝政府获悉俄国遣使后,专门派礼部右侍郎、暂署理理藩院侍郎事务马喇前往卜魁迎接。马喇与米列斯库从一开始就进行了外交上的交锋,主要围绕俄国哥萨克侵扰黑龙江流域,查验沙皇致大清皇帝的信件、礼品,以及递交国书程序等礼仪性问题。因为二人均坚定维护各自君主的尊严,所以不能取得一致。

4 月 27 日,米列斯库率使团离开卜魁,在马喇的陪同下赴中国京城。5 月 25 日,使团抵达北京。因为米列斯库拒绝按照清朝廷的礼仪递交国书,又对清朝廷提出的停止侵扰黑龙江地区和引渡叛逃到俄方的通古斯索伦部族的首领根特尔木的要求避而不谈,中国清政府相当不满。在北京期间,他的行动受到很多限制,接触面很窄。但康熙皇帝念其远道而来,毕竟是一国使臣,所以在礼遇方面对他也有破例。比如,康熙帝于 7 月 22 日亲临赐宴,以后又赐鞍马、丝绸、外褂等礼物,还下旨令画师为他画像。米列斯库还接触到任钦天监监正的南怀仁等一些来自欧洲能讲汉语和拉丁语的耶稣会士,从他们那里了解到中国的礼仪和日常生活的习俗。南怀仁是康熙的科学启蒙老师和挚友,当时任清朝政府翻译,能与米列斯库用拉丁语进行很好的交流。也正因为如此,拉丁语成了以后中俄两国外交使用的正式语言。

由于对国书提交的礼仪问题的意见一直不能达成一致,以及其他一些原因,米列斯库的使华未能在两国关系上取得实质性进展,外交努力只能暂告休止。根据清政府的要求,1676 年 9 月 1 日,米列斯库只得带领使团离开北京返回莫斯科。

当初米列斯库离开莫斯科使华不久,沙皇阿列克谢·米哈伊洛维奇猝亡,引发了俄国政权层的一系列更迭,米列斯库作为前朝的宠臣也因此受到牵连,但由于当年的信息传播严重滞后及地域闭塞,他本人在返回莫斯科之前对此一无所知。因此米列斯库在返途中发生了一系列的意外,饱受艰辛和周折。返回途中,他的在华情况遭到莫斯科新贵的追查和指控,被控告作为首席使节"滥用职权,无视礼节,践踏训谕"。1677 年 6 月 7 日,使团抵达叶尼塞斯克,当地关卡奉沙皇命令,对他进行严厉搜查,没收了他的全部随身财物。他在托博尔斯克甚至被扣留数月。直到 1678 年 1 月 5 日才被获准回到莫斯科,但依然遭到莫斯科外务署的新贵们的怀疑。两年后,他虽官复原职,但政府对他出国期间应得的伙食补助仅给了一半,对他艰苦的旅行和工作未给予任何报酬。1683 年 12 月,俄国政府才决定对他的中国之行做出奖赏——两俄磅重的银勺一个,龙头呢和十俄尺意大利产的上等花缎。

米列斯库晚年一直住在莫斯科,先是在使节事务部继续担任翻译,后来曾参与莫斯科高等教育改革。1708 年去世。

从经历来看,米列斯库出使中国,有一种阴差阳错的偶然性——身为罗马尼亚人,却作为俄国使臣出使中国。表面看起来,米列斯库使华是无功而返,俄国没有达到外交上的预期目的,但实际上并非如此。在他之前,沙皇也曾派过另一个使团到达中国试图讨论经济合作的可能性,并解决边境地区的领土争端,但由于语言不通,无法交流,使团没有完成使命。而米列斯库的中国之行使中俄双方找到了一种可以交流的共同语言——拉丁语,为双方的进一步交流提供了可能。对照前面提到的他出访中国的五个主要任务,可以说,前几个完成得很好,后面的两项虽然没有直接完成,但对以后的中俄交流和贸易关系的建立起到了间接推动的作用。他是第一个详细描述西伯利亚地区和中国北方地区的欧洲人,为俄国的商人找到了一条新的通往中国的最短和最安全的通道。[①] 他探寻的来华陆道是对中国西汉时期张骞出使西域后形成的陆上丝绸之路的补充,中国与欧洲的交通道路又多了一个选择。米列斯库在中国逗留期间进行考察,记录了中国的各种礼仪,全国各地的美丽风光和富庶繁华,他的著作在中西文化交流史上留下了重要的一页,增强了欧洲国家尤其是俄国对中国的了解。

米列斯库从中国返回后,撰写了《西伯利亚纪行》《出使中国奏疏》《中国漫记》。《西伯利亚纪行》是关于西伯利亚旅程的记录,《出使中国奏疏》是出使活动的正式报告,《中国漫记》则是对中国政治、经济、行政、文化、军事等各方面情况的综合

---

① 　罗安娜:《论尼·米·斯帕塔鲁及其著作对 18—19 世纪中俄及中欧关系的影响》,北京外国语大学硕士学位论文,2013 年。

介绍。

第二次世界大战后,罗马尼亚文学艺术出版社分别于 1956 年和 1958 年出版了科尔内柳·波尔布雷斯库根据 1910 年喀山版教会斯拉夫文翻译编辑的《旅华日志》和《中国漫记》;爱明内斯库出版社和密涅瓦出版社在 1974 年和 1987 年也分别出版了《旅华日志》,密涅瓦出版社在 1975 年出版过《中国漫记》。中国商务印书馆在 1978 年出版了由苏联科学院远东研究所等编的《十七世纪俄中关系》的中译本,1981 年又出版了英国学者巴德利著的《俄国·蒙古·中国》的中译本,都收录了米列斯库的《西伯利亚纪行》和《出使中国奏疏》,为研究早期中俄关系提供了重要的参考。由于当时并没有将米列斯库的身世和活动与罗马尼亚联系起来,人们对他的认识也局限在俄国使者这个范围。后来,将米列斯库的身份还原为罗马尼亚和摩尔多瓦共和国人的是中国新华社高级记者郑坚,他在 1983 年 5 月 6 日《参考消息》上发表文章《历史上第一个到达中国的罗马尼亚人及其作品〈中国札记〉》。还有两位学者——蒋本良和柳凤运夫妇从 1982 年开始,根据密涅瓦出版社 1975 年的罗文本,着手从罗马尼亚语翻译《中国漫记》,在 1990 年由中华书局出版,列入"中外关系史名著译丛"。这个译本向中国读者展示了此前鲜为人知的欧洲学者对 17 世纪中国的描绘,为中国的海外汉学研究提供参考;同时,米列斯库的民族身份在中国得以正本清源,也为中国学者研究清朝前期中俄关系的重要人物提供了更开阔的视野。

2004 年 6 月 14 日,时任中国国家主席的胡锦涛访问罗马尼亚期间,在罗马尼亚议会发表演讲时说:"中罗两国人民的友好交往有着悠久的历史。早在 17 世纪,一位名叫斯帕塔鲁的罗马尼亚人就来到中国,撰写了《中国漫记》一书,成为史料记载中第一位与中国交往的罗马尼亚人。"①

由于米列斯库对罗中关系发展的特殊影响,罗马尼亚在1983 年发行"名人"邮票时,将米列斯库选为其中之一。整套邮票共六枚,米列斯库这枚邮票图案即为米列斯库出使清朝经过长城时的情景。

罗马尼亚"名人"邮票之一"米列斯库"

实事求是地说,米列斯库出使中国的时代是在民族纷争、弱肉强食、疆域缥缈、交通不畅的中世纪晚期,东西方的相互认知极为有限,迫切需要相互联系、贸易来往、取长补短。在这种背景下,米列斯库的使华本身对东西方的交流就有积极的意义。他开辟了西伯利亚通道,勘察了中俄边界,了解了中国朝廷礼仪,谋求建立中俄外交和贸易关系,并将众多见闻用文字进行记录。《中国漫记》中他用积极客观的态度大量记述了勤劳的中国人民和美丽富饶的中国,对欧洲国家了解中国具有极高的参考价值。

---

① 胡锦涛:《巩固传统友谊,扩大互利合作——在罗马尼亚议会的演讲》,《人民日报》2004 年 6 月 15 日,第 1 版。

《中国漫记》中的中国形象

米列斯库怀着对中国文化的浓厚兴趣,用他好奇而赞美的眼光、细致而周到的观察,以及卓越的文笔,在《中国漫记》中描述了一个 17 世纪的欧洲人眼中的美丽、富饶又神秘的中国。比如,他在赞誉中国这个文明古国时说:

> 任何其他帝国都不能与中华帝国相比拟,因为他最古老。中国人精通之事,其他帝国尚一无所知……其次,中国的历史和书籍早在救世主降生约两千年前即已存在……①

他在赞美中国地域辽阔和国家富庶时,写道:

> 中国大地,从沿海到内地,一片欢乐,数不尽的山川河流,阡陌纵横,田塍井然。你找不到还有哪一个国家,能有如此辽阔的原野,像中国人这样精耕细作、技艺高超。中国景色之优美、物产之丰盛是无与伦比的。……因此可以说,中国犹如镶嵌在戒指上的稀世宝石。即使积世界财富之总,也无法与中国之富庶相比。②

---

① 尼·斯·米列斯库著,蒋本良、柳凤运译:《中国漫记》,中华书局1990 年版,第 2 页。
② 同上书,第 23 页。

他颂扬中国人的聪明智慧时说：

世界各族人民从中国人那里学会了如何缫丝，不仅如此，还学会了用指南针航海、铸造火枪的技术、印书的工艺……①

他热情讴歌中国人的勤劳时说：

这里每一寸土地均精耕细作，要找一分荒地都是徒然。即使是飞沙走石的不毛之地，一经他们精巧的耕作，就会变为肥沃的农田。②

他描写中国人的善良时说：

中国人的天性是珍重行善以及行善的人。……他们在孝敬父母尊敬师长方面，胜过任何其他民族。他们认为不孝敬父母、不尊重师长，甚至使他们生气，就是大逆不道。③

他十分欣赏中国的文明礼貌：

他们自幼训练文雅的谈吐，谙熟"你""我"等各种敬称，相互造访，待宾迎客，总是以礼相待。他们的言

---

① 尼·斯·米列斯库著，蒋本良、柳凤运译：《中国漫记》，中华书局1990年版，第2页。

② 同上书，第23页。

③ 同上书，第38—39页。

谈举止都是超乎寻常的谦虚,简直到了无以复加的程
度,尤其是官员和哲学家,个个温文尔雅,表现极为
和善。①

他崇仰中国敬重文化的精神:

　　中国人是如此崇尚学问、尊重科学,以至没有一
个人不是知书识字的。没有学识的人连起码的官职
也得不到,一个人的学问越深,就越受到尊重。②
　　所到之处家家户户门上和柱上都用汉字写着各
种条幅,过路人可以读到各种警句和充满智慧的
典故。③

米列斯库对当时中国工艺技术之发达,甚为惊讶,说中国
制造大炮、制作火药、印刷书籍、罗盘航海,均领先于欧洲;中国
桥梁建筑牢固耐用,举世无双;作者把"火井"(采烧天然气)、
"燃烧如木之黑石头(煤炭)"当作见所未见之奇闻;对刺绣鸟兽
栩栩如生,行船摇橹既能推进又兼掌舵,驯养鱼鹰捕鱼,用一种
"铁手"挖土取水,等等,无不感到新奇而倍加赞赏。

对于北京以外的其他十四个省份,如山西、陕西、山东、河
南、四川、湖广、江西、江苏、浙江、福建、广东、广西、贵州、云南,
以及辽东地区、高丽国和日本等,他虽不能亲往考察,但根据前
人的记载和自己的所闻进行了描述。

---

　　① 尼·斯·米列斯库著,蒋本良、柳凤运译:《中国漫记》,中华书局
1990 年版,第 39 页。
　　② 同上书,第 40 页。
　　③ 同上书,第 43 页。

　　但是,通览全书,读者可以发现,除了赞美,米列斯库在书中也有不少对中国某些旧思想和封建陋习的描写,对某些城市的描绘也明显带着鄙视的态度。对于中国妇女裹足的习俗,他也表示十分不解,感叹:"如此聪慧的民族竟会创造出裹足这种残忍的陋习,使妇女忍受非人的痛苦来取悦男人,的确令人惊讶。"

　　再比如,在介绍福建时,他对福建发达的贸易经济极为赞赏,但又对福建人民和文化表现出不屑。《中国漫记》中的福建省是这样被描绘的:"本省靠海,商业繁荣,商船成群","这个省的物资特别丰富,因为这里是商业集散地,⋯⋯中国的外国货就是这样来的,除了葡萄牙人通过澳门运到广东来的,其余所有的外国货都是经过本省再运往全国各地","本省第二大城市名泉州府,商业繁荣,经济富裕,规模宏大,因而十分有名,这里的房屋建筑和功德牌坊都十分华丽⋯⋯"。可是,在介绍福建的人民和文化时,他却用了一种贬斥的口吻:"这个省的居民不注意自己的仪表,形体肮脏。⋯⋯这里的人还处在他们祖先的那种愚昧无知的状态,比起其他地区的中国人,他们是最后接受中国习俗的,因而他们的语言文字与其他地区也不相同。"从历史学角度分析,他的这些描述也并不十分客观公正,因为米列斯库出使中国的清朝康熙年间,正值清廷实行海禁政策,福建的经济,尤其是对外贸易受到严重破坏。米列斯库笔下的福建的繁荣和富庶并不是他亲眼所见,极有可能是他根据马可·波罗等其他旅行家和商人的记载而写的,他并没有将当时中国的战乱和政府的限制结合起来。① 但考虑到他在中国期间接触

----

　　①　曾莜霞:《俄国使臣的福建印象——中西方不同文化视野中的福建形象》,《福建省社会主义学院学报》2005 年第 3 期,第 33—39 页。

面窄,记录的内容有些偏颇和谬误也在所难免,作为一个 17 世纪的欧洲人,能如此全面而生动地描述中国,确属不易。

《中国漫记》中的浙江形象

《中国漫记》第四十五和四十六章,记录了浙江省及其所属十一大城市的特点,包括杭州、嘉兴、湖州、严州、金华、衢州、处州、绍兴、宁波、台州和温州。书上这样记载:"浙江省(Henkiang)虽不如两个京城所在的省份(北京和保定——笔者注)那么大,但其富裕和秀丽却在中国首屈一指。……本省既有山岭,也有平原,景象迷人,气候适宜,河川湖泊密布,居民过着幸福而富裕的生活。……这里的桑蚕是如此之多,以至织出来的丝绸和制作的绸缎衣服,不但够整个中华帝国穿,而且也够日本岛、菲律宾岛以至遥远的印度和欧洲国家穿,而且其质量优于中国其他省份,价格又便宜,在欧洲买一件衣服的钱,在这里可以买十件。"

对于浙江省的第一大城市——杭州,米列斯库用了比描写中国其他城市更多的笔墨,细致地介绍了这座城市的街道、建筑、风俗,尤其是介绍了这座城市的西湖和钱塘江。他对西湖的美丽赞不绝口:

在这里,你无法区分哪是天然美,哪是人工美,巧夺天工,融为一色。湖水犹如明澈的水晶,湖里种植着各种鲜花,姹紫嫣红。护城河和城里的水渠都靠此湖供水。湖上有装饰得金碧辉煌、五彩缤纷的游船,船上轻歌曼舞,一片歌舞升平景象。①

　　他生动地描绘了钱塘江潮水的雄伟壮观:"汹涌澎湃,势如万马奔腾,山崩地裂,任何船只都会即刻倾覆。"尽管他用了大量的笔墨来描述杭州城市的秀美风光和人民生活,可还是觉得无法用语言表达自己对这个城市的喜爱,所以在本章结束时仍依依不舍地说:"总之,这个城市之秀丽非笔墨所能形容。"

　　对于杭州以外的浙江其他城市,书中的记载也洋溢着赞美之词,对这些地方的一些物产和景观充满了好奇和敬仰。米列斯库把嘉兴列为浙江的第二大城市,"秀丽而土壤肥沃"。从他对城里的石桥、石砌拱顶、功德牌坊、宝塔等的介绍中也看得出他对这座城市的富裕和华丽的羡慕,其中写道:"城里有许多功德牌坊,城外也有不少,均以汉白玉砌成。这里也建有许多大石桥,其中一座尤其雄伟。离桥不远有一座九层宝塔,非常壮观。"对于嘉兴的特产——丝绸,自然是不会落下:"几乎没有一家是不养蚕的。"同时,还详细介绍了带有"神奇威力"的荸荠、一种一年四季都有的人们"把它用酒灌醉后拿到市场去卖"的小鸟、螃蟹及生产食盐等等。

　　书中记载浙江的第三大城市是湖州府,是中国富裕的大城市之一。对这个城市的描述不多,但言简意赅地体现了湖州历史上就是丝绸之城。他在书中是这样写的:"这里的建筑特别华丽,又处于水乡,丝绸产品丰富多彩。这里也生产中国人写字用的毛笔,还生产一种优质茶叶。城里有 5 座大庙,府城下辖 6 个小城镇。这里的丝绸的产量如此之多,以至一个小城镇

<hr>

　　① 尼·斯·米列斯库著,蒋本良、柳凤运译:《中国漫记》,中华书局1990 年版,第 140 页。

每年缴纳的丝绸什一税就达 50 万两黄金。"

第四大城市是严州府,"位于山区,因而不像其他城市那样著名,但也并非默默无闻",他着重介绍了出产于此地的纸张和漆,并比较详细地介绍了这种漆的生产方法:"从一种树上流出一种像柏油或树脂一样的液体,人们把它采集起来,除去杂质,染成各种颜色,最贵重的颜色是金色和黑色。这种漆只能在潮湿处阴干,一旦干燥后便不再融化。"

第五大城市是金华府,它"曾是一座十分豪华而壮阔的城市",除了介绍这里的石桥、米酒、水果、花草之外,特别提到,"这里的居民比其他地方的中国人更骁勇善战",尽管遭到外来入侵者的残酷杀戮,城市也被夷为平地,但依然不屈不挠地多次起而抗之,所以城市得以"恢复了原来的外貌,完好如初"。

第六大城市为衢州府,位于衢江边,描述相对简洁:"有一条盘山路从这里通到福建,共有 360 道弯,迂回盘桓,以便于人们攀登。山顶上有一座庙宇,沿途到处有客栈。这个府城规模很大,装点着各种别致的建筑。有一座山上的老虎十分温顺,犹如驯养过的;还有一座山不长草,时时有蛇出没其间。"

在对第七大城市处州府的介绍中,他着重介绍了这里的大森林奇观,"有些树木之大,70 个人也抱不了一棵,有些树洞之大,可容 128 人藏身其内","这一带盛产毛竹,……这里的竹子很粗,一个人勉强抱得过来"。对于竹子的日常用途和药用功效也有详细的介绍。

米列斯库在书中对第八大城市绍兴府的赞美毫不吝啬,他称赞这里"景色之秀丽在中国首屈一指。城市建在湖泊中,与威尼斯相似,但比威尼斯更胜一筹","城里各种民房和官邸鳞次栉比","许多学者居住于此",称赞这里居民的手工艺"极为高超,无人能比"。

第九大城市宁波府,同样是一幅富裕丰饶的景象,"城里有各种海鱼虾蟹,十分丰富。这个地区十分富庶,水果蔬菜应有尽有,鱼类尤多。城市幅员辽阔,布满了各种华丽建筑"。

第十大城市台州府,位于山区,多高山,特别提到了天台山上的众多庙宇,里面住着大量和尚,"其中有一些非寻常等级的方丈住在这里"。

第十一大城市是温州府,"以面积广阔、风景秀丽和建筑宏伟而著称,因此又名小杭州"。

除了这11个州府,《中国漫记》还介绍了15个面对大海的城堡,是为防御日本人进犯而修建的;着重介绍了舟山群岛,南明皇帝为躲避外来入侵者的进攻而逃亡至此的情形。

综观《中国漫记》对中国的整体介绍和对各省市的分别描述,总体是赞美之词居多,但也不乏一些讽刺和批判。但从其对浙江的描述来看,读到的几乎都是赞美、惊叹和羡慕之词。从中可以看出,在米列斯库的印象中,浙江就是一个景色秀丽、物产丰富、人杰地灵、生活富裕的地方。

一波三折的中罗第一次建交

　　1877 年俄土战争结束后,罗马尼亚开始摆脱奥斯曼帝国的统治,宣布独立。为了赢得国际社会的广泛认可,从 1880 年 4 月起,罗马尼亚国王卡罗尔一世先后致信 27 个国家通报此事。7 月中旬,罗马尼亚驻法国公使考格尔尼恰努受命将卡罗尔一世给中国光绪皇帝的"卡罗尔一世亲王殿下关于罗已获得独立与主权一事的通告"信件交给中国驻法公使兼驻俄公使曾纪泽,然后由曾纪泽转交给光绪皇帝,当时光绪皇帝年仅 9 岁。1881 年 1 月 13 日,卡罗尔一世收到由罗驻巴黎使馆转交的来自中国皇帝的复信,信中说:"已通过中国驻彼得堡的公使曾侯爵获悉,因皇上幼年,特通过皇叔恭亲王殿下,以及帝国的其他一些高级要人,转达中国皇帝对罗国家和人民最热烈的祝愿,祝他们繁荣幸福。"两国君主间有了第一次信件往来,表达了彼此的友好意愿,也表明中国承认了罗马尼亚国家的主权和独立。但是由于 19 世纪末的中国处于弱国地位,遭受世界列强的瓜分,清朝政权岌岌可危,罗马尼亚是个新建的小国,所以两国初次交往之后并没有继续发展外交。但是这毕竟是两国历史上第一次官方的直接接触,具有不可估量的意义。

　　第一次世界大战结束后,罗马尼亚实现了民族统一,长期处于奥匈帝国统治的特兰西瓦尼亚地区也回到了罗马尼亚,这使得罗马尼亚的国家实力得到了提高,国际影响力也明显扩大。同时期的中国,孙中山于 1911 年发动辛亥革命,推翻清朝,建立了中华民国;1924 年又爆发了国民党和共产党联合发动的国民革命,1927 年在南京成立国民政府。此时,罗马尼亚有意与中国建交,但作为一个小国的罗马尼亚也有所顾虑,不愿意得罪苏联和日本两个强国而冒险与中国建交。另外,1930年前后两国政局都不稳定:曾经宣布放弃王位继承权出国定居的斐迪南一世的儿子在 1930 年突然回到罗马尼亚,从儿子米哈伊一世手中夺取王位,成为卡罗尔二世,引发罗国国内动荡;中国军阀混战,1931 年又遭受日本侵略,中国东北地区沦陷。种种原因导致中罗两国的建交再次搁浅。

此时,虽然两国没有建交,但两国的代表经常在各种官方场合保持接触,尤其是在国联。1931 年日本发动侵华战争时,罗马尼亚著名的外交家蒂图列斯库正好连任国联大会主席,他在会议讲演时谴责了日本对中国的侵略,呼吁保持各会员国的政治独立,防御外来侵略。罗马尼亚共产党动员了国内的广大工人群众和民主力量,通过各种形式支持和声援中国人民的抗日战争,他们在许多城市组织集会和游行,要求尊重中国的主权和领土完整;许多反法西斯的记者或文化界人士也纷纷撰文支持中国的革命斗争和抗日战争,还为中国募集款项和药品。甚至还出现了不顾生命危险,历经千辛万苦,费尽周折,来华援助中国抗日的国际共产主义战士,如大卫·扬库医生、柯列然·布库尔医生和他的妻子吉采拉。他们加入中国红十字救护总队,随同部队征战各地,甚至进入印度和缅甸北部丛林为抗战部队提供医疗等服务。其间,他们一直与中国共产党保持联系,在抗战期间的中国军医训练、伤病员救助和防疫等方面做出了令人钦佩的贡献。吉采拉因为参加防疫工作感染回归热,1943 年不幸在昆明以身殉职,年仅 39 岁。柯列然与中国护士赵婧璞在 1946 年结成伉俪,成为中罗两国历史上首个跨国婚姻。中华人民共和国成立后,柯列然带着妻子赵婧璞回到罗马尼亚,但依然为中罗两国的友好交流事业工作。1975年柯列然逝世,赵婧璞在中国政府安排下,于1986年回上海定居,她还带回了柯列然的骨灰,安葬在上海宋庆龄陵园。他们的故事在中国传扬,中国人尊称他们为"罗马尼亚的白求恩"。为了纪念罗马尼亚的这些国际医生及来自其他9个国家的国际援华医疗队20多名成员对中国抗日战争做出的贡献,1985年贵州省政府在国际援华医疗队曾经工作的原址图云关(现贵阳森林公园)建立纪念碑,碑上赫然印刻着他们的名字。

1938年5月,中国驻法公使顾维钧在日内瓦出席国联大会时,罗马尼亚外交部部长彼特雷斯库向他建议中国应在布加勒斯特设立公使馆,并提议开展两国贸易关系和商业联系。中国政府也同意了这一建议,并提议由中国原驻捷克斯洛伐克布拉格公使馆的一等秘书梁龙担任布加勒斯特公使馆公使。1939年10月18日,梁龙向罗马尼亚元首递交国书,中罗两国正式建交。

然而,罗马尼亚之前提议的向南京国民政府派出外交使节的计划在建交后一直没有实现;两国的贸易来往也由于交通运输的不便而没有达到理想的状态,贸易额和贸易量非常少。更重要的是,1940年9月,亲德派安东内斯库成为罗马尼亚国家首脑,11月加入德意日三国条约,并承认日本在中国东北地区扶植的伪满洲国。1941年7月1日,罗马尼亚与德意两国在同一天承认日本占领南京后在南京扶植的以汪精卫为首的伪国民政府。尽管罗马尼亚承认伪满洲国和伪国民政府可能是迫于德意日三国的引诱和压力,但在与中国建交仅仅一年,且正是中国抗日战争最困难之际,罗马尼亚的这两个举措无法为中国人民所接受。因此,1941年7月10日,中国公使梁龙约见罗马尼亚外长,强烈抗议罗政府承认由日本占领军武装扶植的南京傀儡政权,并宣布与罗马尼亚的外交关系已不可能继续维持。从此,中华民国政府和罗马尼亚政府正式断交。

对于中罗之间一波三折却短暂的第一次建交历史,两国大部分史书都较少谈论。直到20世纪末,从一些中国出版的关于中华民国史的书中,才可以发现这段历史的点点滴滴。

高潮迭起的新中罗外交

中华人民共和国成立后第五天,即 1949 年 10 月 5 日,中罗两国即正式建交,罗马尼亚成为继苏联和保加利亚之后第三个承认中华人民共和国成立的国家。从此,中罗两国之间开始了友好的互相往来,虽然中间出现过许多次摩擦和不和谐,但两国人民总体是相互理解、相互尊重、相互帮助的,这期间还出现了三个高潮时期。本书将这三个时期分别称为"20 世纪 50 年代的蜜月期""20 世纪 70 年代的巅峰期"和"21 世纪的重生期"。

20 世纪 50 年代的蜜月期

查阅 20 世纪 50 年代的《人民日报》,时不时地可以读到有关两国领导人互访的新闻。如:

1954 年 10 月,工人党中央第一书记格·阿波斯托尔率罗政府代表团访华,庆祝中华人民共和国成立 5 周年。

1955 年,中共中央副主席朱德率中共中央委员会代表团应邀访罗,参加罗马尼亚工人党第二次代表大会。

1956 年 9 月,工人党中央第一书记乔治乌·德治应邀率罗工人党代表团访华,参加中国共产党的第八次代表大会。

1956 年底至 1957 年 1 月初,中国全国人大常委会副委员长彭真率中国全国人大代表团和北京市人民委员会代表出访苏联和东欧 5 国。其间访问了罗马尼亚。

1957 年 4 月,罗大国民议会主席帕伏列斯库率罗大国民议会和布加勒斯特人民会议代表团访华。

1958 年 3 月 31 日—4 月 10 日,罗部长会议主席斯托伊卡率罗政府代表团访华,毛泽东主席在武汉会见了代表团。这次访问标志这一时期中罗关系的发展达到了高潮。双方对这次访问都很满意,对中罗关系的未来充满信心。周恩来在欢迎斯托伊卡的宴会上深情地祝愿:"让中罗两国人民的友谊像松柏一样长青,像春天的花朵一样盛开在我们两国的大地。"

1958 年 5 月 18 日—23 日,由国务院副总理兼国防部部长彭德怀元帅为团长的中国军事代表团应罗马尼亚社会主义共和国武装部队部长萨拉杨的邀请对罗马尼亚进行了军事访问。萨拉杨称赞中国人民解放军"是一座压不倒、打不垮的钢铁长城,它为捍卫祖国的社会主义成果,保卫亚洲和世界和平做出了巨大贡献"①。彭德怀也评价罗马尼亚人民军在保卫祖国、维护欧洲和世界和平方面做出了卓越的贡献。

1959 年 9 月,罗工人党中央政治局委员、部长会议副主席博德纳拉希率领党政代表团来中国参加中国国庆 10 周年庆典。毛泽东和中国新任主席刘少奇分别会见了他,周恩来也与他进行了会谈。

中罗关系在这一时期出现蒸蒸日上的大好形势,既是因为两国政府和人民的耕耘,也与这一时期是中国同东欧社会主义国家紧密团结和友好合作的鼎盛时期紧密相关。

高层互访带动了两国之间的经济贸易往来。两国在建交之初,贸易交流极少,1951 年的双向贸易额只有 27 万美元。采

---

① 　孙立忠:《见证"同志加兄弟"的军事交往》,军事科学出版社 2005年版,第 97 页。

取的是记账贸易方式,几乎完全是罗马尼亚对中国的单向贸易。1951 年,两国签订了第一个贸易合同。1952 年,两国签订了第一个贸易协定,罗贸易额有了迅速的增长,同比增长了 5倍。1956 年中罗两国的贸易额的增长速度快于中国与东欧其他国家的贸易额,1958 年时已接近罗与东德和捷克斯洛伐克的贸易额,在罗与各社会主义国家的贸易额中居第四位。同年 7月,两国又签订了 1958—1962 年度长期贸易协定,为两国长期稳定的贸易发展奠定了基础。最初中国从罗马尼亚进口的主要是石油,以后转向主要是机器设备,如石油钻探设备、电站设备、水泥厂设备、拖拉机等。20 世纪 50 年代末,中国从罗国进口的机器设备占罗全部机器出口额的近 40%。中国向罗马尼亚出口的主要是稀有金属、棉花、橡胶、黄麻、皮革制品,以及纺织品、大米等,其中有一大部分是中国用自由外汇购买的转口商品,因为那时候中国国内正处于困难时期,所以这样向罗马尼亚出口商品,一是体现了中国政府对合同的尊重,二是体现了中国对罗马尼亚的深厚情谊。

同时,科技领域的交流在 20 世纪 50 年代也有了良好的开端。1953 年 1 月,两国在北京签订了第一个《科学与技术合作协定》,双方的合作方式也有了改变,从最初单纯的资料交换,到后来增加互派实习生和专家,以及两国相应科技机构之间的直接合作。具体合作中,中国在农业、轻工业、桥梁建筑等方面为罗马尼亚提供帮助;罗国主要在石油化工、微生物应用等方面帮助中国。如中国曾经帮助罗国利用多瑙河三角洲盛产的芦苇造纸,帮助罗国实现了芦苇的经济价值;罗马尼亚给予中国的科技帮助也很多,他们派了专家和技术人员帮助中国发展石油化工业,这对中国是具有战略意义的事情。

在文化交流方面,中罗双方于 1951 年 12 月在北京签订了文化合作协定,以加强两国人民间的友好关系,促进两国人民间的相互了解。1953 年和 1954 年,两国还分别签订了广播合作协定和电影发行权及新闻片素材交换协定。两国的文化交流由此全面展开,互相举办规模宏大、内容丰富的文化艺术展览会,互相派遣大型艺术表演团队,互相举办电影周,等等。1952 年 8 月起,罗马尼亚军队歌舞团一行 204 人访华演出两个半月,先后访问中国的 11 个大中城市,观众达到 25 万人次。访华演出获得巨大成功,毛泽东也曾出席观看。1954 年 9 月,中国人民解放军歌舞团一行 270 人访罗演出。10 月 5 日,罗大国民议会破例向歌舞团人员分别授予一至五级"罗马尼亚人民共和国之星"勋章,以表彰歌舞团对促进两国的文化交流和增强两国人民之间及军队之间的友谊和团结的巨大贡献。1954年,两国分别在对方国家举办电影周。中国影片《白毛女》《中华女儿》《翠岗红旗》等给罗马尼亚人民留下深刻印象;罗马尼亚在中国播放的电影有《边寨擒谍》《多瑙河三角洲的情报》《奇普里安·波隆贝斯库》《权利与真理》等,都受到中国观众的好评。

1950 年秋,两国开始互派留学生各 5 人,学习对方的语言文学,罗马尼亚著名的汉学家、曾任罗驻华大使的罗明,以及后来成为罗明夫人的萨安娜女士,就是首批罗马尼亚留学生中的2 位。1952 年签订的中罗文化合作协定,约定双方在各自国家的高等院校开设了对方的语言文学专业。1956 年 9 月,中国第一个罗马尼亚语专业在北京外国语学院成立,长期聘任罗马尼亚语言专家任教。1984 年,罗语专业开始招收硕士研究生;1999 年开始招收博士研究生。北京外国语大学的罗语专业在50 多年的时间内培养的本科生和代培生主要分布在外交部、商务部、文化部、中联部、国际广播电台等国家机关和部队、高等院校、科研单位,以及从事中罗两国经贸的各类公司。罗马尼亚国的汉语专业开设在布加勒斯特大学,近些年罗国很多高校开设了汉语专业。汉语学习成为热潮,四个城市建有孔子学院,教学点分布到了许多城镇。

20 世纪 50 年代,罗马尼亚对中国文学的翻译十分重视。在较短的时间内,就通过俄文、德文、法文、英文等,翻译出版了相当一批中国文学作品,其中大部分为我国 40—50 年代出版的长篇小说,以及部分现代作家的诗歌和戏剧作品,特别是那些反映中国人民抗日战争、解放战争和解放区土地改革的作品,也翻译了一些中国古典文学作品,如《太阳照在桑干河上》《傅家宝》《山里湾》《暴风骤雨》《原动力》《动荡的十年》《新儿女英雄传》《吕梁英雄传》《水》《铜墙铁壁》《毛泽东旧体诗词》等。这一时期,被译得最多的是鲁迅的作品,如《祝福》《故乡》《阿 Q 正传》《鲁迅全集》等。另外,罗马尼亚出版社还翻译出版了《郭沫若文集》《茅盾小说选》和老舍的小说集《骆驼祥子和他的短篇》。古典文学中,他们翻译出版了《中国古代诗歌选》,包括 23 首古代诗歌,如李白、杜甫、王维、苏轼等古诗人的诗。

被翻译成中文的罗马尼亚文学作品中,小说始终占据数量上的绝对优势。从中华人民共和国成立到"文革"前的 17 年里,中国共翻译出版 54 部罗马尼亚文学作品,绝大部分集中在 20 世纪 50 年代,占了 51 部;其中 1955—1957 年是高峰期,达到 28 部,1956 年一年就有 10 部之多。① 中国翻译的罗马尼亚文学作品中,被翻译得最多的,是米哈伊尔·萨多维亚努的作品。这是一位在罗马尼亚文学和政治领域都具有极大影响力的人物。关于他一生的文学和政治成就及他在中罗文学交流史上的影

---

① 丁超:《中罗文学关系史探》,人民文学出版社 2008 年版,第 198 页。

响力,将在下一章节进行详细介绍,所以这里只简单略过。

中罗两国在 20 世纪 50 年代有许多相似之处,都是落后的传统农业国家,都曾长期遭受外国列强的入侵和压迫,都刚从"二战"的炮火中新建自己的国家,采用的都是社会主义体制,在 50 年代都是百废待兴,都希望借鉴别国的建设和治理经验,得到别国的帮助和支持。正是在这样的国情下,两个新生的国家和热情的人民在这个特殊的年代有了特殊的情感交流,就像蜜月中的恋人,对对方的一切都很好奇,互相沟通、学习和支持。

但是,蜜月毕竟是短暂的。到了 1958 年,随着中苏关系的恶化,中罗两国交流出现裂痕。1960 年 6 月布加勒斯特会议之后,罗马尼亚对中国的态度变得冷淡,对大使的封锁和限制越来越严,甚至发生了"几年来从未有过的不礼貌事件"。相应地,中国虽然没有采取对抗措施,但对罗方的态度也变得冷淡起来。中罗贸易额随之急速下降,从 1960 年的 5920 万美元下降到 1961 年的 2490 万美元,又下降到 1962 年的 1290 万美元,两年间跌幅达 300%。可以说,20 世纪 60 年代的中罗关系在很大程度上受到中苏关系和罗苏关系的影响。

这一时期,中国和罗马尼亚交流中,有一个重要人物,就是米哈伊尔·萨多维亚努。

米哈伊尔·萨多维亚努(Mihail Sadoveanu, 1880—1961)一生集众多头衔和名誉,曾任罗马尼亚王国参议长和国民议会主席、罗马尼亚人民共和国大国民议会主席、罗马尼亚大国民议会主席团代主席、罗马尼亚科学院院士等。他不仅是罗马尼亚社会主义共和国时期的卓越领导人,在 1947 年 12 月 30 日—1948 年 4 月 13 日和 1958 年 1 月 7 日—11 日曾两度代理罗马尼亚人民共和国国家元首,还是杰出的国务活动家、左翼社会活动家、民主爱国人士、罗马尼亚共济会领袖、罗马尼亚共产党的亲密合作伙伴,也是罗马尼亚的大文豪、文学巨匠,他被称为罗马尼亚 20 世纪上半叶最负盛名的作家、故事家、小说家、文学家、散文家、学者。他一生共创作了 100 多部文学作品,是世界上创作量最多的作家之一。

米哈伊尔·萨多维亚努（1880—1961）

　　萨多维亚努出生于罗马尼亚西摩尔达维亚地区雅西县帕什卡尼的一个律师家庭。还在家乡读小学的时候,他便经常利用业余时间在周边地区旅行、狩猎、捕鱼或思考。假期里,会跟随母亲走访她的出生地米罗斯洛维什特乡维尔辛尼村,旅途中观察到的农民的劳动和生活方式,在他的脑海里留下深刻的印象,并对他的社会价值观的形成产生了很大的影响。萨多维亚努的初中和高中是在弗尔蒂切尼和雅西完成的。据说,他在读初级中学时,便开始写短篇小说和诗歌,经常为一些杂志撰稿。

　　萨多维亚努在 16 岁时便萌生了为摩尔达维亚公国斯特凡大公写传记的念头,17 岁时,他的第一部短篇小说《弗尔蒂切尼的 M 小姐》在布加勒斯特的幽默杂志《魔鬼》上发表。1900 年,20 岁的萨多维亚努在父亲的要求下,来到布加勒斯特大学法学院学习法律,然而他对法律根本不感兴趣,所以不久就辍学了。

出于对文学的挚爱,他决定依靠写作来维持生计,因而成了职业作家,主要撰写短篇小说和现实主义散文。1901 年,他与艾卡特琳娜·巴鲁结婚,定居在弗尔蒂切尼。此后,他们一共育有 11 个孩子:3 个女儿,8 个儿子。其中有几个后来也成了诗人、小说家、画家等。

1903 年服满兵役后,萨多维亚努接受了著名诗人斯特凡·奥克塔维安·约瑟夫的邀请,开始与由著名史学家和评论家尼古拉·约尔加领导的权威文学杂志《耕耘者》合作。此后几年,他在罗马尼亚文学界崭露头角,在国家重要出版社工作,出版多部小说,如《故事集》《群鹰》《压抑的痛苦》《普雷库老爷的酒店》等,由此开始了他超过半个世纪的多产文学生涯和他与密涅瓦出版社的合作。1906 年获得罗马尼亚科学院奖,并且开始在《罗马尼亚生活》杂志上发表文章,同年任《耕耘者》杂志编辑。在这一时期,由于担任当时国家自由党内阁中具有改革意识的教育大臣斯皮鲁·哈雷特的助手,在农民中进行启蒙教育工作,所以被反动当局指控为 1907 年农民起义的"鼓动者"。此事也为萨多维亚努以农民为题材的文学创作提供了很多的素材,他的小说强烈谴责布勒蒂亚努政府对农民的血腥镇压。20 世纪 20—30 年代,他的作品描写了许多反抗剥削和压迫的农民、渔民、工人和小市民,但农民反抗的形式是逃进深山野林当绿林好汉,如 1928 年出版的短篇小说集《安古察客店》描写的就是他们的故事。

在 1908—1909 年,萨多维亚努创建了罗马尼亚作家协会。1910—1919 年萨多维亚努担任雅西市国家剧院院长。在此期间,他收集整理罗马尼亚的民俗诗歌和民间传说故事。1914—1915 年,他和其他作家结伴开始文化之旅,其间创作出版了一系列文学作品。

第一次世界大战期间,罗马尼亚受到同盟国(德、奥、保、土)的入侵,当时萨多维亚努正住在摩尔达维亚,亲身经历了罗马尼亚战役。1918 年,萨多维亚努作为罗马尼亚代表团成员与同盟国集团签署《布加勒斯特条约》,并以陆军预备役军人的身份,在罗马尼亚协约国控制区进行宣传工作。战后,萨多维亚努定居在雅西,直到 1936 年。他所居住的米哈伊尔·康斯坦丁内斯库的故居现在已成为米哈伊尔·萨多维亚努博物馆。1921 年,萨多维亚努被选为罗马尼亚科学院院士,成为罗马尼亚文学界领袖人物。此后几年,他走遍整个罗马尼亚,祖国的山川平原、风景名胜激发了他源源不断的创作灵感。

20 世纪 20—30 年代,萨多维亚努陆续发表了他最有影响力的作品,如《斧头》《金树枝》《吉德里兄弟》三部曲。其中《斧头》在 80 年代被翻译成中文在中国出版。这是一部中篇小说,塑造了一个机智勇敢、敢于伸张正义的农村妇女的典型形象,描述了摩尔多瓦农村传统的生活和习俗,具有浓厚的地方色彩。1934 年,萨多维亚努创作完成史诗巨著《斯特凡大公的生平》,由此,他被公认为罗马尼亚长篇历史小说的开拓者。主要的历史小说有《巨蟹宫》(1929)和《吉德里兄弟》(1935—1942),这些历史小说以摩尔达维亚公国人民为了民族自由和社会解放而英勇斗争为主题,突出描绘斯特凡大公不畏艰险,带领人民奋力反抗外来侵略,努力维护国家独立的业绩。

1944 年 11 月,萨多维亚努当选为罗马尼亚与苏联友好关系协会副主席,并于 1945 年率领罗马尼亚对苏友协代表团访问苏联。回国后,萨多维亚努撰文高度赞扬苏维埃社会主义制度,他支持罗马尼亚共产党的民主改革纲领,推崇社会主义现实主义文学。

1950—1956 年,萨多维亚努当选为由罗马尼亚作家协会转变而来的罗马尼亚作家联盟主席。在此期间,萨多维亚努发表了一系列社会主义现实主义文学作品,获得广泛赞誉。他的中篇小说《小孔雀》(1948)和《米特里亚·科科尔》(1949)就大力反映了社会主义新生活。1949 年获得罗马尼亚人民共和国第一届国家散文奖。1952 年出版著名的长篇历史小说《尼夸勒·波特夸瓦》,它是《吉德里兄弟》的续篇,取材于 16 世纪下半叶摩尔多瓦的历史,歌颂人民的爱国主义传统,再现了那个时代的政治斗争。1954 年出版了《多瑙河谷的冒险》。

萨多维亚努不仅在文学上著作等身,政治上拥护社会主义,而且热衷于社会活动,尤其是推动民族和世界和平的活动,并获得各种和平奖荣誉。1951 年被世界和平理事会授予国际和平奖;1955 年 11 月被授予"社会主义劳动英雄"称号和"铁锤和镰刀"金星勋章;1961 年被授予国际列宁和平奖。

1961 年 10 月 19 日,长年受到疾病折磨而近乎失明的萨多维亚努离开人世。

萨多维亚努的一生经历过多次起起落落,丰富的人生经历和敏锐的思想使他在文学和政治舞台上对罗马尼亚甚至世界的和平发展起到了积极的作用。他也为中国人民所熟悉,他的许多文学作品在中国都能找到译本。中国人最熟悉的译本或许是中国现代文学巨匠鲁迅先生在 1935 年 8 月 16 日发表在《译文》的月刊终刊号上的《恋歌》。鲁迅称萨多维亚努是写散文的好手,认为他的作品把 19 世纪罗马尼亚大森林的景色、地主和农奴的生活情形写得历历如绘。

在鲁迅翻译《恋歌》之前,萨多维亚努的作品已经引起中国文学作家的关注。1919 年在五四运动的影响和推动下,中国现代著名作家、文学评论家、文化活动家及社会活动家沈雁冰(茅盾)在《小说月报》上编译了 200 多条"海外文坛消息",其中刊登在

1921 年 7 月出版的《小说月报》第 12 卷 2 号上的第 83 条,有一则有关露西·宾(Lucy Byng)选译的《罗马尼亚小说集》的书讯。在书讯中,他简要介绍了萨多维亚努和他的短篇小说《湖上仙人》的梗概。沈雁冰赞誉它"虽是散文,却美到极顶","像《湖上仙人》这样的一篇以用抒情诗体做起来,或者容易能出色;用小说体做也能那样出色,恐怕不能不佩服这位罗马尼亚作家了"。① 虽然没有把《湖上仙人》全文翻译成中文,但是萨多维亚努的作品已经被中国文学界接触。萨多维亚努是中国介绍最早、最多的罗马尼亚作家之一。由于他的前期作品多以农民题材为主,反映农民在封建资本主义压迫下的悲惨生活及奋起斗争、争取自由的精神,很切合当时处于半封建半殖民地时期和抗日战争时期的中国唤起民众觉醒的需要。中华人民共和国成立后,萨多维亚努的社会主义新文学又为新中国的建设提供了许多宝贵的借鉴。所以不难理解,为什么罗马尼亚文学巨匠萨多维亚努的作品在中国文学界和政治界可以尽人皆知了。由于萨多维亚努的作品在中国的广泛影响,也由于他当时的政治身份,1955 年 12 月,中共中央政治局委员、书记处书记朱德在罗马尼亚访问期间,会见了当时担任罗大国民议会主席团副主席的著名作家萨多维亚努。

据笔者的粗略统计,萨多维亚努一生的 100 多部作品被译成中文的不在少数,有的还出现多个译者的不同中译本。早期译本大多数都是由英语、俄语、法语等其他语言版本转译而来,20 世纪 50 年代以后中罗开始进行相互语言教学合作,中国涌现了一批罗马尼亚语言学家,开始有了罗马尼亚文学作品直译汉语的译本。

---

① 茅盾:《茅盾回忆录·商务印书馆编译生活之二》,人民文学出版社 1979 年版,第 52 页。

被译成中文的萨多维亚努作品

作品名	作品类型	译作者	翻译年代	发表处/出版社
《漂泊的人们》	短篇小说	席涤尘	1931 年	《东方杂志》
《流浪者》（即《漂泊的人们》）	短篇小说	孙用	1936 年	《译文》
《恋歌》	短篇小说	鲁迅	1935 年	《译文》
《罗马尼亚短篇小说集》	小说集（内含萨多维亚努《湖上仙子》《哥士玛·拉加埃》《漂泊的人们》）	杨彦劬	1937 年	上海商务印书馆
《柯兹马·拉柯尔》	短篇小说	劳荣	1953 年	上海文化工作社
《泥棚户》	中篇小说	黎声	1951 年	平明出版社
《泥棚户》	中篇小说	赵蔚青	1955 年	作家出版社
《米特里亚·珂珂尔》	长篇小说	贾芝	1955 年	作家出版社
《安古察客店》	故事集（9 个故事）	李伦人	1955 年	新文艺出版社
《战争故事》	故事集	赵蔚青	1956 年	作家出版社
《倔强的驴子》	故事集（5 个儿童故事）	徐亚倩、徐仆	1956 年	少年儿童出版社
《斧头》	中篇小说	朱惠	1957 年	新文艺出版社
《漂来的磨坊》	长篇小说	方煜	1959 年	上海文艺出版社
《马蹄铁·尼古阿拉》	长篇小说	冯俊岳	1959 年	上海文艺出版社

续　表

作品名	作品类型	译作者	翻译年代	发表处/出版社
《百花岛》	中篇小说	钱金泉、孔庆炎、汪新宁、蔡厪丽、王芙	1964 年	作家出版社
《什特凡大公》	长篇纪传体小说	陆象淦	1980 年	人民文学出版社
《萨多维亚努选集 短篇小说选》	小说选集（36篇短篇小说）	张增信、杨学茟、李家渔、冯志臣	1984 年	人民文学出版社
《萨多维亚努选集 中篇小说选》	小说选集（内含《安古察客店》《斧头》《花的诱惑》）	张增信	1984 年	人民文学出版社
《吉德里兄弟》	长篇历史小说	冯志臣、李家渔	1985 年	人民文学出版社

20 世纪 70 年代的巅峰期

中国与罗马尼亚虽然远隔万里，但由于同属社会主义体系，又受到来自同一个超级大国的压制，所以在很多方面有许多共同的话题和需求。20 世纪 70 年代发生的几件大事，体现了中罗两国人民之间的深厚感情，推动两国之间的交流迅速回到了 50 年代同志加兄弟的状态，也将中罗两国的交流推到了巅峰。

第一件事情是罗马尼亚在 1970 年 5 月中旬遭受历史上的最大水灾。全国 39 个县有 37 个受灾，70 万公顷的农作物被毁，损失达 100 亿列依，比罗马尼亚在第二次世界大战中的全

部损失还要多。不仅农产品严重减产,而且许多工业设施也受
到严重破坏。

在得知罗水灾后,中国红十字会开始组织募捐活动,向罗
马尼亚提供了 50 万元人民币的现款和价值 50 万元人民币的
药品、食品、衣服、鞋子和布匹的援助,受到罗马尼亚红十字会
的感谢,称这种援助是对消除灾害后果的一个特别宝贵的贡
献。周恩来致电罗马尼亚总理毛雷尔,对遭受水灾的罗马尼亚
政府和广大人民表示同情和慰问,并通过罗驻华大使杜马邀请
波德纳拉希访问中国,以共同商讨中国给予罗马尼亚援助等事
宜。6 月 9 日,波德纳拉希率领的代表团在北京进行了三天的
访问,受到北京数千群众的热烈欢迎。代表团与周恩来进行了
长时间的会谈,并且受到了毛泽东的亲切接见。中国就这次水
灾向罗马尼亚提供无偿物资援助共 5260 万元人民币,合 2500
万美元,是向罗提供援助最早、数额最大的国家。① 罗马尼亚元
首在视察北部灾区时举行的群众大会上,对中国的援助给予了
特别感谢,他说他们获得的这次援助的三分之一以上是从中华
人民共和国方面得到的,因此在向各国表示感谢的时候,他不
能不特别向中国共产党、中华人民共和国政府、中国人民、毛泽
东同志表示感谢,感谢他们的无私援助。

同年 7 月,根据罗马尼亚提出的军事援助的要求,两国签
署了《关于中国向罗马尼亚提供军事物资和军工成套设备及技
术援助议定书》,中国无偿提供罗马尼亚 3489 万元人民币的军
事援助。11 月,两国再次签署关于中国向罗提供长期无息贷款
和自由外汇无息贷款的两个协定,中国向罗提供 2.24 亿元人

---

① 刘勇:《百年中罗关系史——1880—1980》,时事出版社 2009 年
版,第 239 页。

民币贷款。

对罗马尼亚的军事援助在后来的几年也不断有新的进展，中国向罗多次输出军用飞机，壮大了罗的航空军事力量。1971年，中国向罗输出了首批总共 4 架 H-5，并由中、罗两国的技师在罗马尼亚巴库(Bacau)进行组装。该型机后来被送到第 38 搜索航空中队——罗国唯一的独立靶机单位服役。1974 年，罗接收了第二批共 8 架 H-5。时隔 5 年，罗方又接收了第三批共 2 架 HJ-5 教练机。

中国人常说"患难见真情"，水灾使罗马尼亚人民遭受了极大的损失，但是这一事件体现了中罗两国人民惺惺相惜的真情，得到罗马尼亚人的极力赞赏，两国友好关系在 20 世纪 70 年代的开年得以明显改善。特别是中国这一时期的外交政策的调整，对推动两国关系的发展起了重要的作用。

20 世纪 70 年代把中罗关系推向高潮的另一件事是中罗高层领导的频繁互访。中国热情邀请并高规格地接待了一个又一个的罗马尼亚高级代表团，同时也向罗提供了许多无偿的和极为重要的援助。中罗两国自此恢复了兄弟党和兄弟国家的关系。1971 年 6 月 1 日，齐奥塞斯库应中国邀请以罗共总书记、罗马尼亚国务委员会主席身份率领党政代表团访华。代表团到达北京时，周恩来总理在机场举行了隆重的欢迎仪式。在北京市区，更是几十万群众夹道欢迎，一片欢腾。这个盛大的场面给罗代表团留下了不可磨灭的印象，外国媒体也纷纷报道，德新社评价"这是很久以来北京给予一个外国代表团的最盛大和最丰富多彩的欢迎"，《纽约晚报》称这是一次"光彩夺目的宴会"。周恩来总理在讲话中高度赞扬罗马尼亚人民是有骨气的人民，罗马尼亚人民正团结在罗马尼亚共产党的周围，在独立自主的道路上阔步前进。齐奥塞斯库也表示特别珍视同中国的兄弟般的友好关系。

20 世纪 70 年代的中罗高层访问频繁,是这个时期中罗交流达到巅峰的一个最明显的表现。罗多次派高级领导人率团访华,或为沟通情况,加强政治合作,或为发展经济关系,或为争取军事援助,或为加强两国人民的相互了解增进友谊;中国也曾在 1974 年罗马尼亚解放 30 周年纪念日期间派出以时任中共中央政治局委员、国务院副总理李先念为团长的党政代表团赴罗马尼亚布加勒斯特参加纪念活动。这是 1966 年到 1976 年"文化大革命"结束的十年间,中国对罗马尼亚唯一的一次高层访问。

1978 年是中罗关系甚至是国际关系史上的一个特殊的年份。这一年,中罗两国的最高领导人——中共中央主席、国务院总理华国锋和罗共总书记、罗社会主义共和国总统齐奥塞斯库进行了同年互访。互访中,中罗双方签署了 9 个文件,分别为:关于建立副总理级政府经济技术合作委员会的协定;生产技术合作议定书;科学技术合作协定;旅游合作协定;中国远洋运输和罗海运公司关于开辟班轮航线的协议;植物检疫和植物保护协定;关于牲畜疾病防疫技术合作协定;关于开展利用炼焦煤合作议定书;关于相互聘请专家和派遣工程技术人员及实习生的生活、工作条件议定书。

高层的频繁接触,不仅使两国关系在政治合作上得到了加强,而且使两国间的贸易交流进一步扩大,合作方式也更加灵活多样,在原来的记账贸易的基础上,增加了现汇贸易、易货和现汇易货及补偿贸易等形式。而且,在 20 世纪 70 年代,本身缺石油的中国还向罗马尼亚出口石油,以缓解罗由于工业迅速发展而产生的对石油的需求。1971 年,两国贸易额是 1.76 亿美元,1975 年达到 4.12 亿美元,平均每年递增 23%。至 1979

年,即两国领导人互访后的第一年,两国的贸易额首次突破10亿美元,达到10.94亿美元。① 1980年前后,两国的商品在对方国家可以说是遍布城乡,家喻户晓。派往罗马尼亚的中国代表团在偏远地区的商店里,看到不少中国出口的商品,如瓷器、罐头、文具、玩具、手工艺品等,而且中国商品在罗很受欢迎。20世纪70年代,罗马尼亚向中国出口的商品主要有钻探设备、采油设备、汽车、铁路机车、拖拉机、农业机械、数据处理设备、电冰箱、电视机、机床、化工产品、饮料生产线等。中国向罗出口的除了日用消费品外,还有机床、发动机、稀有金属、有色金属、煤焦炭、耐火材料、石油等。

　　20世纪70年代两国交流达到巅峰的另一个表现是,尽管困难重重,但两国进行的文化交流依然呈现出一派繁荣的景象。1971—1976年,每年的年底或年初,双方都会按协议进行文化交流计划,互派新闻工作者、文艺演出团体、体育代表队和政府部门人员开展文化参观,在对方国家进行本国建设成就宣传和艺术展览,互派语言教师和学生进行教学交流和互访,等等。1971年10月中国外交学会秘书长周秋野率领的中国舞剧团访罗,演出芭蕾舞剧《红色娘子军》《白毛女》和钢琴协奏曲《黄河》等剧目,在罗马尼亚引起很大反响。另外,罗军队"多依那"艺术团,"巴纳特"和"马拉穆列什"民间歌舞团,中国上海杂技团,辽宁歌舞团,等等,都到对方国家做访问演出。1977—1979年间,中国引进了多部罗马尼亚电影。据统计,70年代引入中国的罗马尼亚电影如下表:

---

① 沈觉人:《当代中国对外贸易》(下),当代中国出版社1992年版,第379页。

20 世纪 70 年代引入中国的罗马尼亚电影

序号	电影名	引入时间	译制出品单位
1	《达契亚人》	1970	长春电影制片厂
2	《勇敢的米哈伊》	1972	长春电影制片厂
3	《最后一颗子弹》	1973	上海电影译制厂
4	《爆炸》	1973	北京电影制片厂
5	《清白的手》	1974	上海电影译制厂
6	《沉默的朋友》	1974	上海电影译制厂
7	《巴布什卡历险记》	1975	长春电影制片厂
8	《斯特凡大公》	1976	长春电影制片厂
9	《多瑙河三角洲的警报》	1976	长春电影制片厂
10	《沸腾的生活》	1977	北京电影制片厂
11	《奇普里安·波隆贝斯库》	1978	长春电影制片厂
12	《侦察英雄》	1978	长春电影制片厂
13	《橡树，十万火急》	1978	上海电影制片厂
14	《汽车行动》	1978	上海电影译制厂
15	《政权·真理》	1979	上海电影译制厂
16	《光阴》	1979	上海电影译制厂

　　罗马尼亚作为一个欧洲农业国家，其出产的电影数量和被译成中文在中国播映的电影数量如此之多，并且在中国掀起的罗马尼亚电影潮如此之热烈，这在当时乃至在现今都可以说是一件令世人惊奇的事。直到现在，很多中国的中老年一代人仍会怀念当年的那些罗马尼亚译制片。

　　20 世纪 80 年代后，继续循着巨大的惯性，两国高层互访依然保持密切联系，互相支持，但两国之间的经贸关系却不再像70 年代那么紧密。两国的交流出现"政热经冷"的局面，重形式而轻实质,两国的交流和合作明显减少,贸易额大幅下降,1999年跌至 30 年来最低点,为 1.91 亿美元。

21 世纪的重生期

进入 21 世纪,中国经济稳步快速发展,罗马尼亚也逐渐从政治转型的阵痛中恢复。中罗两国高层互访依旧频繁。更为重要的是,21 世纪的高层交往更注重推动两国在科技、经贸、教育和文化等各方面的实务性合作,并且形成机制。其中国家元首和总理级别的访问主要有:2002 年罗总理纳斯塔塞访华;2003 年罗总统伊利埃斯库两次访华,一次是 5 月中国抗击"非典"期间的专程访华,另一次是 8 月来华,签署《中华人民共和国与罗马尼亚联合声明》,宣布两国将发展全面友好合作关系;2004 年中国国家主席胡锦涛访罗;2006 年罗总统伯塞斯库访华;2011 年罗总理博克访华;2013 年中国国务院总理李克强访罗;2014 年罗总理蓬塔访华。其他高层次的互相访问也时有进行。

2012 年中国—中东欧国家领导人会晤(也称 16+1 领导人会晤)机制开始实行以来,两国领导人经常利用多边场合进行会晤,如 2012 年 4 月温家宝总理在华沙会见罗总理温古雷亚务;2014 年 12 月李克强总理在贝尔格莱德会见罗总理蓬塔;2017 年 11 月罗副总理斯特内斯库出席在匈牙利首都布达佩斯举行的第六次 16+1 领导人会晤;2018 年 7 月李克强在保加利亚索非亚参加第七次 16+1 领导人会晤期间会见罗马尼亚总理登奇勒。另外,2015 年 2 月,杨洁篪国务委员在出席慕尼黑安全政策会议期间会见罗外长奥雷斯库。习近平于 2009 年中罗建交 60 周年之际以国家副主席身份访问罗马尼亚;2015 年 9 月在纽约出席联合国成立 70 周年系列峰会期间以中国国家主席身份会见罗总统约翰尼斯,称"罗马尼亚是中国在欧盟内的好朋友、好伙伴"。2016 年 7 月,李克强总理在出席第 11 届亚欧首脑会议期间同罗马尼亚总理乔洛什交流。2017 年 7 月,中共中央政治局常委、中央书记处书记刘云山访罗,参加在布加勒斯特召开的中国—中东欧政党对话会,并做了题为《弘扬"丝路精神",携手共创中国和中东欧各国人民美好未来》的主旨讲话。

21 世纪的两国交流,更加注重在经济贸易和投资领域的合作建设。2003 年起,罗马尼亚成为中国在中东欧地区投资最多的国家。① 中国外交部资料显示,双边贸易额迅速回升,2004 年达到 13.84 亿美元,超过 1979 年的历史最高水平 10.94 亿美元。2007 年为 23.6 亿美元,2017 年达到 56 亿美元,其中中方对罗出口额为 37.8 亿美元,中方自罗进口额为 18.2 亿美元。2018 年第一季度,双边贸易额、中国对罗出口额和自罗进口额同比增长均超过 30%。

21 世纪以来,双方的经贸合作加强了在第三国市场和国际市场的合作,罗马尼亚成为中国经贸走向中东欧其他国家和西欧的桥头堡,中国则成为罗马尼亚拓展亚洲市场的桥梁。2013 年习近平主席提出"一带一路"倡议以来,中国与沿线国家的交往和联系更加密切,罗马尼亚作为沿线国家的重要站点,有着同中国加强经济合作的强烈愿望,也是该倡议的积极响应者和受惠者。2015 年 11 月,罗马尼亚副总理科斯汀·博尔克在中国苏州对记者表示,罗马尼亚高度赞同并支持李克强总理在第四次中国—中东欧国家领导人会议中提出的"16＋1"合作框

---

① 中华人民共和国外交部政策研究司:《中国外交》,世界知识出版社 2004 年版,第 214 页。

架。2015年,罗马尼亚总统约翰尼斯在关于罗外交政策的演讲中,曾建议加强同中亚经贸和能源合作,建设黑海、里海货运走廊,连接欧洲、中亚和中国。中国政府对罗马尼亚在中东欧国家所起的作用也非常重视,2015年9月,中国国家主席习近平在纽约与罗马尼亚总统约翰尼斯会面时表示,愿意在"一带一路"框架内与罗马尼亚加强能源和基础设施方面的合作。2018年7月,"16+1"国家领导人会晤期间,李克强总理在演讲中频频提到"务实合作""项目合作""贸易投资便利化""互利共赢""互联互通"等关键词,表示了中国在"16+1"合作建设中的坚定决心和担当。会晤期间还发布了《中国—中东欧国家合作索非亚纲要》,明确各方支持罗马尼亚牵头建立"16+1"智慧城市协调中心;各方欢迎设在罗马尼亚的中国—中东欧国家能源项目对话与合作中心为推进能源合作发挥的作用,赞赏中心为开展国别调研、技术交流等能源联合研究项目所做的努力;各方支持罗马尼亚于2019年举办促进女性创业大会。纲要充分展示了罗马尼亚在"一带一路"建设中的重要地位及中国愿与罗马尼亚和其他国家一起共同发展的宏伟战略。

近些年,中国企业加快了在罗马尼亚投资的步伐。据罗马尼亚国家商业注册办公室公布的数字,截至2015年8月底,中国在罗注册企业总数11753家,注册资本总额4.02亿美元,在罗外资来源国中排名第18位,占比为0.74%;从行业看,90%以上的中国投资投向批发零售和餐饮领域。

截至2017年,中国企业对"一带一路"沿线国家投资达到空前的历史最高水平,一系列重大项目落地开花,带动了各国经济发展,创造了大量就业机会。一些高端企业陆续进驻罗马尼亚。2003年华为公司就建立了罗马尼亚子公司,2009年进入罗马尼亚企业前20强,目前拥有罗马尼亚员工1500人。2014年12月,金风科技位于罗马尼亚 Mireasa 项目的 20 台 2.5MW 风机顺利接入罗马尼亚当地电网,这标志着东欧市场首批中国制造风力发电机组在罗马尼亚成功并网运行。2014 年 10 月,中广核获得罗马尼亚内陆核电项目最终投资权;2015 年 11 月,中广核罗马尼亚核电公司与罗马尼亚国家核电公司签署《切尔纳沃德核电 3、4 号机组项目开发、建设、运营及退役谅解备忘录》,项目总价值约 72 亿欧元,2016 年,罗马尼亚最高国防委员会把该项目确定为国家优先投资项目。2015 年,山东宁建集团在罗马尼亚克拉约瓦市的限价住宅楼和布加勒斯特市橡树园别墅工程开工。2017 年 7 月,中国华信能源有限公司收购罗马尼亚石油公司,获得罗马尼亚政府批准受让哈萨克斯坦国家石油和天然气公司(其前身是罗马尼亚国家石油集团)51%的股份,该企业的生产能力可以覆盖罗马尼亚全国 70%以上的成品油需求。

贸易增长的一个重要保证是畅通便捷的物流通道,对此,中国与中东欧国家开通了海陆空三个通道。陆上通道近年来新开通的中欧班列,以其运距短、速度快、安全性高的特征,以及安全快捷、绿色环保、受自然环境影响小的优势,已经成为国际物流中陆路运输的骨干方式。不过,由于中欧班列没有在罗马尼亚设置站点,所以,中罗两国的大量货物还是通过海运方式进行运输。海运以其价格低廉、中罗两国港口发达、运输便捷等特点受到中罗两国大宗运输商的青睐。

两国间的科技合作上升到政府间的合作,并成立政府科技合作委员会,定期召开例会,如第 42 次例会于 2016 年 9 月在北京召开,第 43 次例会于 2018 年 4 月 24 日在布加勒斯特召开。中罗双方一致认为,当前中罗科技界的交流与合作基础雄厚、发展态势良好。双方商定,将积极推进联合研发项目合作,尽快共同启动首批联合研发项目征集工作,重点领域将聚集两国共同感兴趣的生物经济学、信息和通信技术、空间、能源、环境和气候变化、生物纳米技术和先进材料、卫生等;继续举办中罗科技合作研讨会等活动,密切两国科技人文交流;鼓励两国合作机构共建联合实验室、联合研发中心、科技成果商业孵化中心等长效合作平台,推动中罗科技合作可持续发展。

两国文化部级交流越来越频繁,并取得实质性成果。2011年11月,罗文化和国家遗产部长凯莱曼访华。2013年5月,罗文化部国务秘书马林来华出席首届中国—中东欧国家文化合作论坛。2013年5月和2014年8月,罗国家广播交响乐团、"牧歌"国家室内合唱团分别献艺"上海之春"国际音乐节和中国国际合唱节。2013年11月,中罗两国签署《中罗互设文化中心协定》,在,而后在2014年12月在北京成立亚洲第一个罗马尼亚文化中心,位于布加勒斯特的中国文化中心也将于2019年正式揭幕;2016年1月至8月,"罗马尼亚瑰宝展"先后在中国国家博物馆和四川博物馆巡展;2016年6月,《舌尖上的中国》在罗国家电视台播出。2017年9月22日,第三届"16+1"文化合作部长论坛上发布的《中国—中东欧国家文化合作杭州宣言》,2018年6月13日第二届"16+1"国家艺术合作论坛上发布的《中国—中东欧国家艺术合作成都宣言》,为中国与包括罗马尼亚在内的中东欧16国的文化艺术交流和合作提供了有力的保障机制。目前,两国每年在文化、教育、卫生、体育、影视等方面互派访问团组几十个。

近些年来,双方在保持官方交往的同时,民间文化交流组织也呈现出精彩纷呈的局面,涌现出许多致力于两国友好交流的民间大使。曾于1978—1983年担任罗马尼亚驻华大使的弗洛雷亚·杜米特雷斯库于1995年成立罗中友好协会,并担任主席。这是目前罗马尼亚最大的民间友好组织,全国41个县

(相当于中国的省)有 34 个县设立分会,拥有 5000 多名会员,通过出版物、研讨会、展览等多种形式向罗马尼亚介绍中国的政治、经济和传统文化。杜米特雷斯库长期致力于罗中友谊事业,是中国人民的好朋友,2009 年被中国人民对外友好协会授予"人民友好使者"荣誉称号。罗马尼亚知名电视制片人阿尔马善为共庆中罗建交 70 周年和建立全面友好合作关系 15 周年,于 2019 年 4 月 18 日在罗马尼亚文化院举行《神奇的中国》新书发布会。她以记者、作家和旅游者的视角,记述了自己在中国的亲身经历,从城市发展、美食和习俗等方面向罗马尼亚读者展示一个真实、鲜活、立体的中国,为罗马尼亚民众了解现代中国打开了又一扇窗户。中国的骆东泉曾在罗马尼亚学习和工作多年,回国后在中国国际广播电台罗马尼亚语部担任播音、主编等新闻工作,用罗语出版多部宣传中国文化的著作和教材。其中 2009 年与罗马尼亚著名汉学家杨玲合著的《中国文化集萃》被认为是迄今为止罗马尼亚出版的一部最全面、最详细介绍中国文化的书籍。2012 年罗马尼亚布加勒斯特成立"罗马尼亚中国之家"(也称"罗中之家"),将在罗马尼亚的各对华友好社团,以及中国在罗的商会汇集起来,通力合作,在全国设立几十个分支,致力于为中罗经贸和企业界牵线搭桥,也积极从事中国文化宣传和展览。先后与中方合作在罗举办"中国文化节"、"欢乐春节"、"感知中国"图片展、"华夏瑰宝展"、"对话兵马俑"主题展等大型文化活动。

两国政治上的友好交往鼓励了其他各界的密切合作和交流。电影作为文学艺术表现的一种重要形式,为两国的文化交流增添了更多的色彩。20 世纪七八十年代,中国大地曾经掀起过一场罗马尼亚电影热潮,多部罗马尼亚电影被译制成中文引入中国,满足了中国观众对罗马尼亚电影的热爱。21 世纪,中国电影走向世界；罗马尼亚电影也经过几年的低谷之后再次崛起，并在国际上获得多个奖项，两国在电影方面的合作更迈进了一步。2012 年，中国与罗马尼亚联合打造的首部跨国爱情电影《秋语》在罗马尼亚古城布拉索夫封镜；同年，另一部中罗合拍的电影《那女孩知道得太多》在北京签约。两部电影都展现了中罗两国人民之间的深厚友谊和美丽的罗马尼亚风情。同时，近年来众多的电影节活动，使两国人民有了更多的机会了解对方国家的文化和文明。2014 年，中罗两国签订《罗马尼亚与中华人民共和国关于 2014—2016 年互办电影展的谅解备忘录》，确定在两国互办电影节，助推两国在电影方面的交流与合作。2014 年，罗马尼亚中国电影节在罗马尼亚的布加勒斯特、克拉约瓦、阿拉德三座城市举办，放映了《十二生肖》《一代宗师》《北京爱情故事》《龙门飞甲》《飞越老人院》5 部中国影片。电影节期间，"罗中之家"邀请了深受罗马尼亚人民喜爱的中国国际影星成龙和章子怡，在罗马尼亚掀起了一场不小的"中国热"。2016 年中国罗马尼亚电影节，在中国北京、西安、上海三地展映《去巴黎》《铁轨边》《卡门》《基拉·基拉丽娜》《雪山之家》5 部罗马尼亚电影。另外，2014 年，创办了"丝绸之路国际电影节"，旨在以电影为纽带，促进丝绸之路沿线各国的文化交流与合作，为"一带一路"建设创造良好的人文条件。2018 年 4 月，中国西部电影展映周在布加勒斯特举行，展映周期间，在布加勒斯特各大影院播映《血狼犬》《东北偏北》《盲人电影院》《百鸟朝凤》《塬上》等影片；5 月，第三届中国浙江电影周在布加勒斯特举行，播映了《老炮儿》等 5 部中国产电影。5 月 23 日，北京电影学院中国电影文化研究院与北京罗马尼亚文化中心联合举办罗马尼亚电影学术研讨会，研讨主题为：利维乌·邱莱依与罗马尼亚电影在中国的传播。这是近年来首次在中国举办的罗马尼亚电影研讨会。

在教育合作领域,中罗两国早在 20 世纪 50 年代就有互派留学生学习对方国家语言的传统,培养了一批精通对方语言和文化的外交人才,为两国友好交流奠定了坚实的基础。很多人翻译并出版向对方国宣传本国文化的书籍,如 2016 年中国国际广播出版社出版的由徐文德翻译的《道德经》《老子》《诗经》《论语》《中国古代寓言》等中国古典作品的罗汉对照本。近年来,在推动中国文化的对外宣传中,孔子学院承担了其中重要的角色。截至 2018 年,经过双方的共同努力和中国汉办的批准,中国已在罗马尼亚建有孔子学院 4 座,孔子学堂 8 个,罗全国汉语学生总数达 8000 多人,汉语已被罗列入中小学教学大纲。锡比乌卢奇安·布拉卡大学孔子学院由北京语言大学和锡比乌卢奇安·布拉卡大学于 2006 年合作成立;克鲁日巴比什-波雅依大学孔子学院(简称克鲁日孔子学院)由浙江科技学院和克鲁日巴比什-波雅依大学于 2009 年合作成立;特来西瓦尼亚大学孔子学院由沈阳建筑学院和特来西瓦尼亚大学于 2011 年合作成立;布加勒斯特大学孔子学院由中国政法大学和布加勒斯特大学于 2013 年合作成立。各孔子学院自成立以来,以汉语教育为基础,致力于通过丰富多彩的教学和文化活动,增强罗马尼亚人民对汉语语言和中国文化的了解,成为罗马尼亚人民了解中国的重要场所,从而增进两国人民的友谊,促进两国的教育和文化合作。

中罗两国友好的悠久历史和频繁的高层往来,促成了中国与罗马尼亚两国地区与城市间的良好沟通,结成友好城市。据中国国际友好城市联合会的统计,截至 2016 年 3 月 25 日,中罗两国已正式结成 33 对友好省市。具体城市如下:

中罗友好城市统计表

序号	中国省份/城市	罗马尼亚县/城市	结好时间	编号
1	湖北省	加拉茨县	1987-05-27	0254-870527-鄂-008
2	武汉市	加拉茨市	1987-08-12	0271-870812-鄂-009
3	黑龙江省	普拉霍瓦县	1992-04-24	0396-920424-黑-017
4	辽宁省	布拉索夫县	1993-08-29	0478-930829-辽-049
5	河南省	布勒伊拉县	1993-09-15	0482-930915-豫-016
6	抚顺市	阿拉德市	1994-07-13	0555-940713-辽-054
7	吉林省	雅西县	1994-08-11	0559-940811-吉-028
8	西安市	雅西市	1994-12-06	0615-941206-陕-019
9	哈尔滨市	普洛耶什蒂市	1995-05-01	0633-950501-黑-026
10	郑州市	克卢日·纳波卡市	1995-05-06	0635-950506-豫-022
11	苏州市	图尔恰县	1995-09-20	0653-950920-苏-065
12	钟祥市	泰库奇市	1996-08-16	0715-960816-鄂-028
13	山东省	克卢日县	1996-08-20	0716-960820-鲁-060
14	盐城市	德瓦市	1999-01-18	0882-990118-苏-111
15	十堰市	克拉约瓦市	1999-12-23	0943-991223-鄂-040
16	山西省	穆列什县	2000-07-23	0969-000723-晋-022
17	海南省	阿拉德县	2000-09-27	0980-000927-琼-016
18	上海市	康斯坦察县	2002-04-15	1077-010821-沪-050
19	驻马店市	梅杰迪亚市	2002-09-30	1495-020625-豫-062
20	衡阳市	克勒拉什市	2002-10-15	1111-020923-湘-039
21	甘肃省	阿尔巴县	2004-09-01	1199-040908-甘-018
22	北京市	布加勒斯特市	2005-06-21	1258-050620-京-037
23	宁夏回族自治区	哈尔吉塔县	2005-11-14	1300-051116-宁-013

序号	中国省份/城市	罗马尼亚县/城市	结好时间	编号
24	陕西省	布泽乌县	2008-04-11	1512-070821-陕-050
25	贵州省	苏恰瓦县	2009-07-03	1889-120621-黔-008
26	宁夏回族自治区	胡内多阿拉县	2010-09-24	1753-100906-宁-020
27	南阳市	斯洛博齐亚市	2013-02-19	1992-121224-豫-090
28	济南市市中区	布加勒斯特市第四区	2013-04-16	2034-130318-鲁-164
29	伊春市	阿祖加市	2013-11-15	2104-131024-黑-076
30	兰州市	阿尔巴尤利亚市	2013-12-02	2093-130620-甘-044
31	云南省	蒂米什省	2015-11-13	2327-140604-云-060
32	广西壮族自治区	登博维察省	2016-02-24	2330-160225-桂-097
33	湖南省	比斯特里察·纳瑟乌德省	2016-03-25	2355-151207-湘-071

　　在新的时期,中罗两国在困难面前依然能相互援助,2003年中国"非典"期间,罗马尼亚给予了医疗用品和物资的援助;2008年汶川地震,罗国各部门积极开展捐款捐物帮助中国进行抗灾救灾。中国也多次对罗马尼亚进行无条件援助,2010年12月,中国无偿援助罗马尼亚500万元人民币的办公设备,2012年罗国遭受水灾,中国红十字会向罗援助50万元现款和价值50万元的药品、食品等日常生活用品。

浙罗交流渊源

　　17 世纪的罗马尼亚人米列斯库在他的《中国漫记》中把浙江的美丽山水风光和富裕的人民生活以文字的形式带到了欧洲。20 世纪新文化运动时期，东欧文学开始进入中国，新文化运动者们在《申报》等报刊上报道东欧民族独立和解放战争，一方面是对这些弱小的受压迫民族寄予同情，另一方面也从中汲取经验，以唤醒中国人民对帝国主义侵略的反抗意识。在此期间，浙江籍著名作家、思想家和社会活动家们纷纷翻译并介绍东欧国家的新闻报道和文学作品，如浙江桐乡人茅盾就是最早接触罗马尼亚文学的作家之一，他首先介绍的便是罗马尼亚文学家萨多维亚努的《湖上仙人》，而后开始翻译罗马尼亚文学作品，并邀请浙江绍兴人鲁迅一起翻译罗马尼亚作品。鲁迅翻译的第一部罗马尼亚小说是萨多维亚努的《恋歌》，发表在 1935 年 8 月《译文》月刊上。茅盾和鲁迅的东欧文学翻译和评论带动了众多中国翻译家对东欧包括罗马尼亚文学的翻译热潮，尤其是对萨多维亚努作品的汉译，对推动当时中罗两国人民的相互了解和相互支持起到了很大的作用。反过来，这些浙江籍作家的作品在 20 世纪五六十年代也被罗马尼亚的汉学家和翻译学家们翻译成罗语在罗马尼亚出版，宣传中国文化和中国人民反抗帝国主义和反抗封建殖民地的斗争精神。另一位较早翻译罗马尼亚文学的浙江人是孙用，杭州人，中学毕业后进入邮局工作，同时自修外文，翻译介绍外国进步文学。1931 年 10

月,他翻译的罗马尼亚小说《雏》发表在《小说月报》上;11 月,在《东方杂志》上发表了他翻译的罗马尼亚短篇小说《赶路是出门人的本分》;1936 年 10 月,又在《译文》上发表了他翻译的萨多维亚努短篇小说《流浪者》(即《漂泊的人们》)。文学作品互译是当时中罗两国文学和文化交流繁荣的一个重要体现,透过这些翻译文学,中罗两国人民对彼此的民族特点和文化有了更深的了解,为加强两国人民的交流奠定了基础。

浙江地处中国东南沿海,历来就有出洋求学和出国谋生的习惯与通道,是中国的"侨乡"。中国实行改革开放政策后,具有开拓与创新精神的浙江人开始向海外寻找市场,出国经商、求学、办实业的人越来越多。根据 2014 年 10 月浙江省外侨办发布的侨情通报,浙江籍海外华侨华人、港澳同胞共 202.04 万人,涉侨人员占全省人数的 5.7%,高出全国平均数 1.3 个百分点。著名侨乡青田县总人口约 55 万,其中侨民数约 33 万,占全县总人口的 60%。

由于海外侨民的流动性强,要精确统计一个地区在海外某一个国家的侨民数,不是一件容易的事。笔者分别从国内和国外、官方和民间等渠道得到了一些数据,可做参考。从浙江最大的两个侨乡所在市县侨办——青田县侨办和温州市侨办获取的 2014 年侨情调查结果发现,青田籍罗马尼亚华侨华人是 2500 人左右,温州籍罗马尼亚华侨华人为 1719 人。罗马尼亚凤凰旅行社董事长曾旭东因为公司业务包含罗马尼亚和中国之间的国际机票服务,所以一直很关注中国在罗马尼亚的华人数量,他说:"从罗马尼亚移民局 2018 年提供的最新数据看,目前罗马尼亚华人数量约 6000 人。"而根据罗马尼亚浙江瑞安籍侨领杨杰和青田籍侨领叶祖池等在各自侨团的统计,目前罗马尼亚华人实际数量应在 8000 人左右。但是无论从哪个渠道,以下几点是一致的:罗马尼亚华人数从 20 世纪 90 年代初开始激增,到 2001 年左右达到最高峰,超过 2 万人,后来逐渐减少;罗马尼亚华侨中浙江籍的占了多数,至少一半是浙江人;浙江人中又以青田人、温州人、台州人居多;青田人占华人总数的三分之一左右。

　　为了更好地凝聚华人的力量,维护华人的合法权益,团结互助,促进中罗友好关系,浙商们先后建立多个社团。如 1994 年成立罗马尼亚华商联合总会和罗马尼亚青田同乡会;1997 年 6 月成立罗马尼亚华人联合会;2005 年 7 月成立罗马尼亚华侨华人青年企业家协会;2007 年成立罗马尼亚瑞安同乡会和罗马尼亚台州同乡会;2015 年成立宁波商会;另外还有罗马尼亚义乌同乡会、罗马尼亚丽水同乡会、旅罗华商联合会、旅罗华人商贸总会等等。华侨中涌现了一大批热心为华人服务,维护罗马尼亚华人利益,促进中罗交流的杰出人物,他们在繁忙的工作之余,承担了多个华人社团的组织和协调等工作,他们是浙江和罗马尼亚之间的"搭桥人"。如青田人叶祖池、陈三荣,瑞安人潘继东,都属于首批罗马尼亚华侨,于 20 世纪 90 年代初到罗马尼亚经商。当时由于华人大批涌入,华人群体的权益有时会受到异国的侵害,华人内部也难免会产生一些摩擦,为此他们及时建立了华人社团,号召华人们团结互助,群策群力,协调各方面的矛盾和冲突,在稳定华商内部团结、维护华商利益等方面发挥了极为重要的作用。

　　浙江人大批进入罗马尼亚是在 20 世纪 90 年代。据在罗马尼亚经商的青田人回忆,90 年代初最初进入罗马尼亚的浙江人很多是从匈牙利或俄罗斯转道而来的,有些一开始根本没想到会到罗马尼亚,而是阴差阳错地来到了这里。因为 1988 年 11 月匈牙利与中国签订了《中匈互免签证协议》,成为 90 年代唯一一个对中国免签的欧洲国家,由此中国涌现了赴匈牙利的热潮。浙江人跟着这股潮流,或是有意或是无意就成了旅罗侨民。有的人因为当时坐错了火车,有的人还没到匈牙利或原本想去的西欧,却发现罗马尼亚是个赚钱的好地方,于是就留在了这里。浙江人海外创业有一个特点,就是家族式搬迁,当一个人在罗马尼亚站稳脚跟,他会通过各种方式把亲人或亲朋好友一个个带出去,所以经常会出现一个人陆陆续续带出几十口人甚至一两百人在罗马尼亚经商的情况。那时候正是东欧国家经历政体剧变后的转型期,国民生产能力急剧下滑,社会商品严重缺乏,无法满足国民的需求,一些日常必需品如糖、面包、食用油等需凭证定量供应,其他日用品如火柴、洗衣粉、灯泡、电池等常常缺货。所以罗马尼亚新政府为解决燃眉之急,采取了极为宽松的外国人入境政策(对持有第三国签证的外国人免签)和吸引外资政策(在当地注册成立公司的最低投资额只需 100 美元,投资人在得到执照的同时,也就得到半年有效、到期可以续延的居留许可)。如此低门槛的投资要求,对于改革开放后先富起来的浙江人而言,并非难事,于是大批浙江人选择了在罗马尼亚投资经商。一些原本只想借罗马尼亚“过道”去其他国家的中国人,见此情形,也转而成为罗马尼亚社会转型后最早一批外资公司的投资商。

习近平总书记提出“一带一路”合作发展倡议以后,浙江与罗马尼亚除了商贸合作外,在其他领域出现了更多的合作,浙江正在被越来越多的罗马尼亚人认识和接受。2011 年,浙江正泰集团在欧洲设立子公司——诺雅克,并在罗马尼亚设立分公司,主要提供高端智能低压电器产品,在罗马尼亚歌剧院等重点项目中用上了正泰产品;同时,公司还极力根据当地能源建设发展需求,积极资助建设光伏电站,2016 年承建罗马尼亚

35WM 太阳能电站。自 2015 年以来,浙江宁波每年都作为中国—中东欧国家投资贸易博览会的主办城市。2017 年 9 月,第三届中国—中东欧文化合作部长论坛在杭州召开,论坛上,与会各国代表团一致通过《中国—中东欧国家文化合作杭州宣言》和《中国—中东欧国家 2018—2019 年文化合作计划》。其间,中国—中东欧国家艺术创作与研究中心揭幕,中国—中东欧国家音乐院校联盟在浙江音乐学院成立。2017 年 6 月,绍兴越剧艺术发展有限公司携明星版《梁祝》亮相第 24 届罗马尼亚锡比乌国际戏剧节,将浙江最具地方特色的传统戏剧——越剧传播到了罗马尼亚,悠扬的唱腔、婉转的水袖,在当地掀起了一股"越剧潮"。2018 年 4 月 23 日晚,杭州爱乐乐团登上罗马尼亚首都布加勒斯特最高音乐殿堂——雅典娜音乐厅。2018 年 7 月 2 日,罗马尼亚国家电视台摄制组专程到访杭州,拍摄 4 集纪录片,大到杭州的人文历史、自然风光、城市发展、社会治理,小到杭州市民生活,各个方面皆涵盖在内。这是继 2017 年中国—中东欧国家文化合作部长论坛在杭州成功举办之后两个国家之间再一次加深了解的行动。

早在 20 世纪 60 年代,浙江美术学院(今中国美术学院)曾开设过一个"博巴班",邀请罗马尼亚著名画家博巴来教课,对中国美术的发展和研究产生过深远的影响。2018 年底,在罗马尼亚人民庆祝国家统一 100 周年,即将迎来中罗建交 70 周年之际,罗马尼亚人民艺术家、世界级油画家、布加勒斯特美术学院科尔内留·巴巴教授的 60 余幅油画在杭州和宁波等地巡回展出。

欧洲的"天堂一角"与中国的"人间天堂"都以各自的美丽和魅力吸引着对方。

罗马尼亚的"东方犹太人"

犹太民族以其聪颖的智慧、坚定的耐心、准确的判断力、独特的经商法则和金钱观,行走世界各地,拥有大量财富而闻名世界。浙江的海外华商,尤其是来自温州和青田这样的著名侨乡的海外华商,与犹太人的经商之道有着诸多的相似之处,因此,把遍布世界各地的浙江华侨称为"东方犹太人",一点也不为过。在罗马尼亚,也活跃着这样一批精明能干、吃苦耐劳、四处寻找商机、经商有道、财源丰厚的"东方犹太人"。

网络上流传着这样一个帖子,大意是说20世纪90年代一个青田人16岁便独自投奔在东北做生意的青田老乡,从打工开始做起,6年时间跑遍了整个东北。后来听说苏联生意好做,就跟着几位浙江老乡到乌克兰拼缝,就是从进口商那里拿货做批发。可是生意血本无归,后来辗转进入了罗马尼亚。开始也是给浙江人打工。3年后把老婆从国内接来一起打工。因为没钱买车,每天早上5点坐公交车去批发市场。1年后花4000欧元买了一辆二手车,后来又在市场里租了一个小店,拿进口商的鞋做批发。他在罗马尼亚一句当地语言也不会说,每天和老婆在小店里做批发就是拿着计算器比画。遇到大客户还打电话找人从电话上直接翻译给客户。就这样,五六年后积攒了钱就开始从国内浙江老乡的工厂进货了。2008年,他凑了100多万元人民币回国自己采购白坯布,自己送到印染厂,自己购买扣子配件,再送到国内代工厂,每件棉服给代工费十来元,然后自己在国内找出口代理。第一次批发了 5 个货柜,因为成本极低、款式新颖,两周就全部批发完,净赚了 200 多万元人民币。然后又回国紧急预付了 30％,50 天之内又发了 6 个货柜的棉服。一个冬天他销售了 11 个货柜的棉服,净赚了 50 多万欧元。他用 16 万欧元(当时是罗马尼亚房地产最高峰)马上买了一个两室一厅公寓房,然后用 8 万欧元买了一辆宝马 X5,用作仓库和市场间的短途运货。又在红龙批发市场里购买了 3 个店铺。所谓一夜暴富,他可能就是最好的例子。后来因为红龙市场火灾,他的店铺被烧;也因为当时的经济危机,他感觉生意利润少了,听说南美洲的智利经济发展快,中国货很畅销,中国人还不多,他去考察了一周,当即决定全家搬到智利开始重新创业。很多这样的浙江人都是白手起家,一句话不懂,从来没有天天骂哪个国家贫穷,而是到处打听是否能赚钱。只要有利润可赚,无论在天涯海角,无论是否语言相通,他们就会去打拼。这就是勤劳坚韧的浙江商人的典型例子,敢闯敢拼。

陈聪媚自 1993 年从青田到了罗马尼亚,一开始在红龙市场从事玩具批发。20 世纪 90 年代生意火爆,她也成为首批在罗马尼亚成功立足的浙江人。后来,红龙市场风波和经济危机发生,在红龙市场的生意经营难度加大,陈聪媚立即到其他城市进行市场考察,调整经营范围,最后在罗马尼亚的其他城市经营超市生意。

前几年流行的一部电视剧《温州一家人》,展示的就是温州人敢为人先、走在前列的创业奋斗历程,剧中的周万顺将 13 岁女儿阿雨送出国,并且为了断绝一切后路,毅然将房子卖掉,带着妻子儿子去外地创业。这种不顾一切、不留后路的决绝做法,正是当年温州商人等浙江商人出国创业的真实写照。温州籍罗马尼亚华商联合会总会副会长戴沿胜,看完该电视剧的第一集就激动地说："我好像在剧中看到了创业时的经历,看到了自己的影子。"戴沿胜于1993年来到罗马尼亚,跟大多数浙江人一样,本想以罗马尼亚为跳板去西欧,结果却没能去成,而是留在了罗马尼亚。一开始的时候,他也尝尽苦头。出于无奈,开始了经商之路。可是资金短缺,租不起好店铺。当时在国内的父亲,为了支持儿子在国外经商,以自己家的房子做抵押,换回7万元当作"第一桶金",这与电视剧中的周万顺如出一辙。不仅如此,与剧中13岁出走意大利的阿雨相比,23岁独自闯荡罗马尼亚的戴沿胜同样尝尽个中滋味,"在我看来,我觉得这部剧就在写我自己一样"。如今,戴沿胜已是罗马尼亚好运进出口贸易有限公司董事长。

罗马尼亚凤凰旅行社董事长曾旭东,1990年从浙江农业大学毕业后,分配工作到了温州市农业局。后来,出国到奥地利学习德语。当时如果留在奥地利,最有可能的出路就是开餐馆,可曾旭东说他不喜欢从事餐饮行业,因此跟着一个亲戚于1996年来到了罗马尼亚。一开始也是从事贸易,主要是国际贸易,除了零散的拖鞋和衬衫,比较有规模和影响的是东辉自行车。1998年,在维也纳朋友的介绍下,他作为中国航空公司的代表在罗马尼亚机场处理事务,从此开始接触旅行社票务。2002年他成立了罗马尼亚凤凰旅行社,主要从事国际票务、旅游、出入境、会展、投资咨询等业务,主要服务对象是中资公司、华人企业、中国大使馆及罗马尼亚有关政府和部门。公司成立以来,接待过各种规格的中国访问团,由于良好的信誉和优质的服务,赢得了众多的好评,公司规模也一年年不断扩大。在金融危机这样的逆境中,凤凰旅行社及时调整公司经营策略,不再单纯服务华人,而是凭着积累起来的良好人脉关系和口碑,开始拓展罗马尼亚市场,将罗马尼亚人也作为服务对象。

因此,金融危机后那几年,别的公司难以生存,而凤凰旅行社每年的营业额却大幅度增长。旅行社从最初的夫妻二人档,逐步发展到拥有 11 名正式员工的公司。正式员工基本是罗马尼亚人,另外还聘请了四五位中文兼职导游。为扩大公司的影响力,也为了让中国文化在罗马尼亚得到宣传和推广,凤凰旅行社经常承担或参与一些致力于推动中罗两国文化交流的公益性社会活动。2005 年,公司承办了罗马尼亚华人联合会和凤凰卫视欧洲台主办的第一届凤凰杯欧洲华裔青年歌唱大赛。2013 年,公司作为发起单位,组织了 14 家在罗中资企业颁发"中国梦企业奖学金"。奖学金的表彰对象为罗马尼亚优秀的汉语学习大中学生、在罗学习的优秀中国留学生,以及致力于中国文化推广的中罗两国教育工作者。该奖学金于 2017 年开始发展为"中国大使奖学金",由驻罗大使馆联合在罗中资企业、华人华侨共同颁发,继续致力于搭建中罗两国文化交流的桥梁。

罗马尼亚浙商的辉煌与辛酸

20 世纪 90 年代中国生产的大量款式新颖、价格低廉的商品一到罗马尼亚,就会被抢购一空,因此,一批批的中国货经过莫斯科转运而来。刚开始还只是在周末跳蚤市场出售,后来商贩们来不及等到周末,货物一到就迫不及待地拉到街上,支起架子开卖,当地人见状就会自觉排队购买,有时警察也会帮着维持秩序。每当罗马尼亚浙商回忆起那段时光,都会有一种深深的怀念,称那是在罗马尼亚经商的黄金时期。短时间内催生了一批旅罗浙商富翁,此后不断扩大生意规模和经营范围,有的还成立了集团公司。如环球国际集团总公司在布加勒斯特市批发中心地带兴建的首家完全由华人投资、华人独立经营管理的唐城商贸中心，由近 20 家华资公司合资的"东方集团"投资兴建的中罗商贸中心，等等，在当地都有很大的影响力。

罗马尼亚青田同乡会现任会长叶祖池和罗马尼亚华商联合会现任会长陈三荣自 20 世纪 90 年代初离开青田到罗马尼亚后，一直留在罗国从事贸易和投资。凭着勤奋和敏锐的商业头脑，以及当时罗马尼亚优惠的税收政策，他们很快就积累了一定的资本，开始独立从中国义乌直接进货，商品利润有了更大提高。他们善于在市场上抓住商机，及时调整经营策略和投资方向，而且判断准确，用青田华商的话说，他们在投资和经营上坚持"稳、准、狠"，因而是商场上的"常胜将军"和"不倒翁"。罗马尼亚华人圈中享有盛誉的"四大家族"，其中就包括叶祖池和陈三荣两个家族。每每说起这些，原本一向低调的青田籍华侨严小君禁不住自豪地说："罗马尼亚华侨的腰包比其他国家华侨的鼓。"在布加勒斯特城有一个 10000 多平方米的优雅美丽的小区，里面有别墅和公寓，住的基本是中国人，尤其是青田人。除了按罗马尼亚街道门牌命名外，小区在华侨们的口中有一个更亲切的、带着浓浓乡味的名字——"叶家村"。

同样来自青田的尹啸平于 1991 年从经济发达的意大利转到罗马尼亚，考察后发现中国石材在罗马尼亚很有盈利空间，因此开始从事石材贸易。他在罗马尼亚成立了赫赫有名的长城进出口公司，从事进出口贸易和投资，而后发展成以房地产为主的集团公司，足迹遍布罗马尼亚；1998 年与他人合作创办的尼罗中国商城，一度成为东欧最大的鞋帽服装批发市场；2010 年尼罗市场风波和红龙市场火灾事件之后，又合作投资创建"唐人街"。尹啸平等人在海外的成功创业引来了家乡众多亲朋好友的追随，在他的帮带下尹家有 280 多人出国创业，到法国、意大利、瑞士、波兰、罗马尼亚做生意。用这位当时已经成为旅罗华商会主席的尹先生的话讲：十几年间曾经帮过数千人担保到海外就业，仅一个人经手推销掉的中国货就累计超过了几亿美元……

林万荣就是经尹啸平担保到罗马尼亚创业的一个。林于1993年离开西班牙来到罗马尼亚考察市场，在尹啸平的帮助下，很快便注册了一个罗马尼亚公司。第二个月，他就飞回中国组织货源，从事小百货国际贸易。同年在家乡创办浙江万荣服饰有限公司。1994年，改做鞋帽类外贸，还被推选为罗马尼亚青田同乡会副会长。1999年从事服装外贸。2004年，为回报家乡，在青田创办"万维丝"跨国服装品牌。

成功的海外创业经历给了家乡的年轻人出国的动力，也催生了家长们鼓励孩子出国创业的希望。笔者有来自青田的学生，好几个有立志毕业后出国创业的打算，这在很大程度上是因为受到了这些成功前辈的激励。

20世纪90年代海外浙商们有的点石成金，短时间内暴富，但是也有的折戟沉沙，一败涂地。多数浙商初到罗马尼亚时，都会从最基础的摆摊、餐馆打工等开始，艰辛自不必说。由于人生地不熟，语言不通，政策不明，碰到的各种困难和寄人篱下、处处受人限制的感觉可能是在国内无法想象的。这可以从布加勒斯特几个市场的兴衰替代中反映出来。

20世纪90年代初大量华商涌入布加勒斯特，周末跳蚤市场和街上的流动销售造成公共秩序的混乱，罗马尼亚政府开始限制街头经营，华商们也希望尽快有一个固定的经营场所。所以1993年有罗马尼亚商家盖起一排几十间低矮简陋的水泥房作为商铺出租，冠名欧罗巴（Europa）市场。正在寻求经营场所的华商闻讯而至，几十个摊位很快被抢购一空。欧罗巴老板喜不胜收，立刻乘势扩张，短短一年多时间，就建起大小商铺约

2000 间,其中也包括数百个仅仅是"画地为牢"、铁皮为界的简易摊位。欧罗巴市场的经营户主体是华商,商品也几乎都是中国制造,因此欧罗巴市场成了罗马尼亚的中国商城。这里不仅是罗马尼亚的商贸中心,还吸引了周边如摩尔多瓦、保加利亚、乌克兰等国家的商人前来进货交易。市场的火爆,催生了市场房地产业的迅速发展。欧罗巴市场的股东之一尼古趁机组建了自己的房地产公司,以改善欧罗巴经营环境为由在旁边投资兴建尼罗市场。尼罗市场一开盘 2700 多间商铺就被抢购一空,购买者的 80% 是华商,该市场集中了 95% 的华商店铺,且大部分是浙商,被号称是罗马尼亚的"义乌商城"。当时,尼罗市场承诺:1 万美元可以拥有尼罗市场内一间 15—20 平方米店铺的永久使用权,管理方向商户提供永久性优质服务。1999年,尼罗市场开始营业,取代了日渐衰败的欧罗巴。到 2009年,尼罗市场集聚了 1 万多个华商,浙江籍商人占一半左右,温州籍和青田籍商人均在 1000 人以上。

罗马尼亚经济在改制后的逐渐恢复和尼罗市场的持续繁荣,使得已获得巨大利润的尼罗集团萌发了继续扩张市场的念头。2003 年到 2007 年,尼罗集团在尼罗市场旁边陆陆续续新建了十几座外观亮丽的大型平房式商厦——红龙市场,拥有商铺 6000 多家,规模远超过尼罗市场,成为"东欧第一"的中国商城。前期发展虽然很好,但是 2010 年 5 月 26 日早晨,红龙市场的 5 号、6 号商厦被一场莫名其妙的大火完全烧毁,7 号商厦被部分烧毁。据报道,此次火灾中有 500 多家浙江温州籍商户受损,直接经济损失数千万欧元;有 350 多家青田籍商户受损,损失大约 1700 万欧元。

火灾事件后,浙商们痛定思痛,意识到一定要有自己的市场。因此,以潘继东为主的十几名华人组成了唐人街集团有限公司,开始了由浙商牵头打造的罗马尼亚唐人街项目计划,建设东欧地区第一个由华人管理、拥有自主产权的综合国际商贸市场。该项目中,华商投资占总投资额的70%。2010年8月17日的唐人街奠基仪式和2011年的开业仪式上,罗国总理博克、中国驻罗大使刘增文都前往出席剪彩,称唐人街是中罗世代友好的里程碑。据唐人街集团有限公司股东之一、现任瑞安同乡会会长杨杰介绍,目前在罗马尼亚经商的中国公司正常运作的有2000多家,唐人街市场是中国商人在罗马尼亚的重大投资合作项目。该市场位于罗马尼亚首都布加勒斯特市的一环线上,规划总面积42万平方米,集休闲娱乐、文化餐饮、商务办公、批发零售于一体,成为中国商品在整个欧洲的国际性交易平台和东欧最大的中国商品集散中心。

几年下来,唐人街目前的商业氛围还没有真正形成,多数商铺只是作为仓库使用,浙商们的主要经营场所还是在红龙市场。但是正如瑞安同乡会会长杨杰所坚信的那样:罗马尼亚地处丝绸之路沿线国家的重要节点,经济增速近年来居欧洲前列;罗马尼亚唐人街项目起点高,发展广阔,有广泛的合作空间,一定能为中国"一带一路"建设"增砖添瓦",为共同描绘丝路壮丽画卷"锦上添花"。

纵览浙商在罗马尼亚经商的历史,可以清楚地看到,浙商在罗马尼亚创造了辉煌的成就和巨大的财富,给中国和罗马尼亚经济发展和相互交流带来了不可磨灭的贡献,罗马尼亚几大著名商城倾注了华商尤其是浙商们的心血。罗马尼亚浙商的30年历史见证了罗马尼亚市场的不断扩大和规范管理的不断深入。新时代的罗马尼亚浙商们如何更好地在完善经营的时候,承担起为当地社会创造商机、创造税收和就业的社会责任,是他们面临的新的挑战和思考。①

殷殷游子情，拳拳爱国心

身处异国的浙江商人，时时刻刻与祖国同呼吸，为祖国的强盛而自豪，为家乡人民而牵挂，以一颗赤子之心回报桑梓。

2003 年 5 月，旅罗青田同乡会会长叶祖池带领会员积极捐款，筹集 12 万元捐给青田县政府，用于抗击"非典"。

2008 年初中国南方遭受特大雪灾，在罗的浙江华商们在得到消息的第一时间，立即将 1.2 万美元送到使馆以转往灾区；"5·12"汶川大地震发生后，仅旅罗华商总会就为灾区募捐 1.3 万美元和 10 余万元人民币。

2008 年全国人民喜迎奥运之际，罗马尼亚华商们也用他们特有的方式庆祝这一盛事的到来。经过数月的精心策划和组织，旅罗华人社团在 2008 年 7 月 6 日举行"罗马尼亚华人迎奥运"盛大活动。180 辆插着中罗两国国旗和奥运五环旗的车辆从红龙市场出发，由罗马尼亚警车和摩托车开道，敲锣打鼓，喜气洋洋、浩浩荡荡地驶向活动地点——罗马尼亚少年宫。华商们在那里举办了万人签名活动、舞龙表演和精彩的文艺晚会。声势浩大的活动吸引了市民的驻足观看，也吸引了罗马尼亚国家电视台等众多媒体前来采访报道。华人的爱国情怀和团结协作、策划、组织等能力在罗马尼亚人心中留下了深刻印象。

不仅在这些大灾大难面前，华侨华商们会慷慨援助，身处万里以外的他们对家乡的人和事也时时挂怀，平时只要他们发现有人需要帮助，都会及时伸出援助之手，帮人排忧解难。

---

① 李明欢：《罗马尼亚中国新移民研究：新华商与新市场》，《华侨华人历史研究》2003 年第 4 期，第 42—50 页。

2017年2月,在罗马尼亚的陈三荣在微信朋友圈看到家乡青田有个7岁的孩子得了急性淋巴细胞白血病急需用钱,立即联系在罗马尼亚的同乡会会长叶祖池、华商总会顾问及唐人街集团董事长潘继东、侨团的秘书长等人,迅速在浙商华侨圈内发起捐款活动。陈三荣在朋友圈发起捐款行动时说:"一方有难,八方支援,这是中华文化的优良传统。"潘继东先生第一时间发出"救援生命、造化无边"的微信红包。严小君先生多次以不同方式捐款。更多时候,他们是默默地帮助别人,不愿意张扬。采访中,严小君无意中抖出了一个不为外界所知的秘密,有一个青田人因为去欧洲经商,多次前往罗马尼亚,可是资金缺乏,陈三荣会长独自出资十几万元帮助他走出困境。

用叶祖池老先生的话说,青田华侨具有四种精神。一是吃苦耐劳的精神,离开家乡时一贫如洗、一无所有,通过艰苦奋斗、不懈努力,一步步走出困境,成就自己的事业,赢得当地政府和人民的尊敬。二是融入当地的精神,"入乡随俗",遵守所在国的法律,尊重当地的民风习俗,与当地民众友好相交、和睦相处,并逐步融入主流社会。三是团结互助的精神,华侨华人社团充分体现了这一精神。华侨华人无论走到哪里,都十分珍惜乡情乡谊,彼此间互相关心,互相爱护,互相支持,互相帮助。四是恋祖爱乡的精神,时时眷恋着祖国的经济、政治、社会发展情况及亲人们的生活状况,以自己能够给父老乡亲做贡献为荣耀,以本民族灿烂悠久的历史文化为自豪。

叶杨君自16岁跟随父亲叶祖池来到罗马尼亚,从事商品零售、批发和国际贸易,不仅继承和发扬了父亲的经商之道,也继承了父亲"为侨发展"的志向,热心为侨务事业工作,赢得广泛支持,逐渐成为驻罗青田同乡会、驻罗华商联合总会等的侨领之一。他带领华商们进行过一系列大型活动,如声援北京申奥大游行,抗议日本侵占钓鱼岛,协助国侨办等在罗马尼亚开展各种公益活动。2010年5月红龙市场事件发生后,叶杨君和父亲及其他侨领一起,积极与红龙市场管理方进行交涉,并在第一时间搭建大型帐篷提供给华商进行临时售货,最大限度减少华商的损失。他把自身企业的发展与广大华侨及身后的祖国紧紧地联结在一起。"一带一路"倡议实施以来,叶杨君等侨领从中找到了新的商机,也感到作为侨领的责任重大,他说:如果"一带一路"是一条藤,那么侨民就是这条藤上的瓜,藤越壮瓜越甜。

在调研中,我们还发现,浙江华侨们不仅爱祖国,爱同胞,对于驻在国人民,他们也怀有同样的感情,只要有需要,他们都会慷慨解囊,真正体现了国际主义的爱国情怀,弘扬了中华民族乐善好施的美德。

2005年4月,罗马尼亚西部遭受水灾,罗马尼亚华商联合会在会长张志础的组织下,3天时间内就筹集了现金和救灾物资价值13.2万美元。所有副会长都捐出1000万列依的现金和物资。市场上千人参加捐助活动,有一个华商一人就捐出2亿多列依物资。

在与罗马尼亚和中东欧地区人民进行经贸交流的同时,浙商华侨们还利用节日和重大事件节点进行中国国情和文化的宣传。2006年初,与罗中文化交流中心、红龙集团共同举办春节大观园活动,邀请各界知名人士和群众参加活动,通过精彩的舞龙、武术和演唱等表演,展示了中国文化的博大精深和广泛的群众基础。

罗马尼亚的汉语学习者有一个共同追求的奖项,那就是"中国大使奖学金"(前身为"中国梦企业奖学金"),每届活动都得到了浙江华侨华商们的大力支持和慷慨资助,推动了罗马尼亚汉语学习热潮的持续和中罗友谊的发展。

　　他们利用在中罗两国生活和工作多年积累的经验,在两国的文化交流、贸易发展和企业交流中充分发挥其桥梁作用。他们充分利用回国探亲和商务活动之机,走访各地侨办、侨联、外办和企业,与它们建立联络和联系,帮助国内企业和个人走进罗马尼亚,也为罗马尼亚文化和政策在中国的推广提供现实版指导。对于浙江省政府侨办和各地市侨办每年组织的海外侨领和华侨学习培训班,罗马尼亚华侨们都能不辞辛苦地回国参加,只为能对浙江省的对外交流和发展贡献自己的智慧和力量。在罗马尼亚,他们还常常协助中国驻罗大使馆对中国政府和商务代表团在罗马尼亚的活动进行安排和接待。如 2017 年 7 月"中国—中东欧政党对话会"在布加勒斯特召开,代表团的接待得到了浙江籍华侨们的大力支持。会议期间,浙江省省长袁家军率领的浙江省政府代表团与浙江籍华侨们进行了座谈,瑞安籍侨领杨杰作为活动的组织者主持座谈。随团的各省区市代表团也在罗马尼亚进行了多项经济贸易推介活动,陈三荣、叶杨军和严小君等参与接待浙江省代表团一行。

　　因为在众多方面的无私贡献和杰出才华,许多华侨和侨领都身兼多职,在促进中外交流和联络等社会工作方面发挥了重要作用。比如杨杰,在担任罗马尼亚浙江瑞安同乡会会长的同时,还担任了中国海外交流协会理事、浙江省贸促会/中国国际商会浙江商会驻罗马尼亚首席代表、罗马尼亚商会荣誉会长、罗马尼亚华人创业者联合会荣誉会长、罗马尼亚中国文化交流协会名誉会长、浙江省侨界青年联合会副会长、首届世界瑞安人联谊会理事、欧洲华侨华人社团联合会常务理事、瑞安侨联海外委员、江苏省海外交流协会理事、欧洲中国和平统一促进会常务理事等等。

　　华侨们以"侨"为桥、心系家乡，为促进中罗两国交流做出的贡献和获得的荣誉是华侨们的骄傲，也是家乡人民的骄傲。2007 年旅罗华商总会 8 名副会长在北京人民大会堂被授予爱国华侨荣誉称号和证书。2009 年，叶祖池被授予青田"十大杰出侨领"。同年，在中华人民共和国成立 60 周年之际，受国务院侨办、全国侨联、中央统战部等"国字头"部门联合邀请，叶祖池出席人民大会堂中国国宴、60 周年国庆阅兵式观礼。2015 年 9 月中国人民抗日战争暨世界反法西斯战争胜利 70 周年纪念活动，共邀请侨界嘉宾 1779 人，来自 120 余个国家和地区，青田籍罗马尼亚华侨叶祖池和叶杨君也在受邀名单之列。对华侨们来说，这是一种无上的荣誉，是中国政府对华侨为祖国、为驻在国、为世界做出重大贡献的嘉奖。多位罗马尼亚华侨在多个场合受到了中罗两国领导人与相关省区市领导人的接见和称赞。

布加勒斯特的"义乌商品城"
——红龙市场

　　几乎每个布加勒斯特人在和中国人初次见面聊天时,都会提到一个地方——红龙市场,称这是"中国商品城"。而每个到过红龙市场的中国人都会兴致勃勃地向其他人介绍红龙市场,称这是东欧的"义乌商品城"。

红龙市场外景(摄于 2018 年 9 月)

　　红龙市场位于罗马尼亚首都布加勒斯特东北郊的布加勒斯特二区,该区号称中东欧的"中国义乌"。这里地理位置优越,距离位于多瑙河下游黑海最大的港口康斯坦察港口 250 公里,距离布加勒斯特国际机场仅 11 公里,市场周边由四条交通

主干道——多瑙河高速、高速公路 A2、欧洲公路 A1 /E70 /
E81/ E85 及罗马尼亚环行道路连接到整个欧洲。市场创建于
2003 年,起源于 20 世纪 90 年代兴建的欧罗巴市场和尼罗市
场,经多次新建和扩建而成。起初,这是一个服务于布加勒斯
特的商品贸易中心。如今,该市场占地面积达百万平方米,按
照不同商品分类,有 10 余座商品大厅,6000 多个商铺,每天人
流量 2 万多人,节假日日均客流量可达到四五万人,是中东欧
地区,乃至整个欧洲都闻名的中国商务区和中欧商品交易平
台。这里已成为中国在中东欧地区打开的一扇窗户,也是浙江
商品和企业走向欧洲的一大平台。

红龙市场一半的经营户来自中国,其中大部分来自浙江,
其面向中国的发展战略取得了巨大的成功,也为罗马尼亚的发
展开创了新的投资模式。现任集团董事苏伊切斯库认为,红龙
市场在中罗经贸和人文社会交流方面扮演着重要的角色。在
经贸方面,目前红龙市场 90％的商品产自中国,中国的产品质
量越来越好,且保持着价格优势。红龙的商品品种多样、物美
价廉、符合普通民众要求,不仅满足了罗马尼亚人民的物质生
活需要,还辐射到摩尔多瓦、塞尔维亚、匈牙利、保加利亚、奥地
利等周边国家,乃至整个欧洲。正因为有了红龙,这块位于布
加勒斯特东北郊区的百万平方米的荒地上,建起了现代化的商
厦,修筑了平坦的公路,荒地变成了"摇钱树"。不仅有万余中
国人在这里经商,同时也为将近 3 万罗马尼亚人创造了就业
机会。

在人文和社会方面,红龙为中国商品和文化的展示搭建了
舞台。在红龙经商的中国人在巴加勒斯特二区建立了中文学
校,让他们的孩子在那里学习中文、中国历史和文化,现在越来
越多的罗马尼亚人也把他们的孩子送去学习中文。红龙市场

所在公司还成立了一个非营利性文化机构,主要介绍中国各领域的发展成就。每逢中国传统节日,红龙都组织庆祝活动,还举办中国电影节和文艺演出,让当地人近距离地了解中国文化,也让更多罗马尼亚人看到了一个蓬勃发展、日新月异的中国。

中国政府提出"一带一路"倡议,在连接东西方的新时代丝绸之路上,红龙就是一扇展示交流成果的窗户。依托中国的发展,红龙有了巨大的发展潜力。一批已经"走出去"的浙江企业和它们的商品已经落户红龙,在罗马尼亚乃至东欧地区已是家喻户晓。而且,红龙还在 2017 年修建了一座"中国企业展示中心",为来中东欧地区投资或寻找商机的中国企业提供实实在在的帮助,也为欧洲企业寻找中国合作伙伴提供了便利。入驻红龙的中国企业包括浙江永康五金城(欧洲)展贸中心。这种协同发展、互利共赢的主张和实践,不仅使浙江和罗马尼亚受益,而且让世界受益。

浙江义乌是中国乃至世界的小商品贸易之都,义乌人的"鸡毛换糖"营销模式和精神在中国大地早已是有口皆碑,在新的历史发展时期,这种营销模式有了新的发展。义乌市政府实施"'鸡毛换糖'再出发"战略,致力于将中国商品推向全世界。为了抢抓机遇,加快义乌市场、企业、商品、商人"走出去",探寻中东欧市场"新奶酪",2013 年,义乌市市长何美华带领市府办、国际商贸城管委会、国资委、苏溪镇等单位负责人对罗马尼亚进行市场考察和访问。访问期间,何美华市长参加了义乌商城集团组织的由 124 家义乌市场经营户组成的"义乌市场万里行——罗马尼亚贸易对接会"。对接会为期 3 天,收获颇丰,现场成交 91.35 万元,意向订单 1816.03 万元,预约采购商 660人。其中玩具、日用品、文胸内衣、围巾、厨卫、户外休闲、睡衣 7

个行业的商品特别受当地市场欢迎,所有展品均销售一空。此次对接会成功迈开了走进东欧市场的第一步,为今后借助罗马尼亚红龙市场开拓东欧甚至整个欧洲市场奠定了坚实的基础。2017年永康五金城在罗马尼亚筹建的中国永康五金(欧洲)展贸中心已正式启动招商,展贸中心项目总建筑面积约1.5万平方米,为入驻企业提供"企业形象常年展示窗口＋精品展"联动发展的运营体系,为永康五金企业海外商业发展寻求资源平台提供了良好契机,更有力地助推了中东欧建材行业的发展。

为加快市场、企业等的对接,促进两地合作务实发展,2013年10月,罗马尼亚布加勒斯特二区区长尼古拉·翁察努到浙江义乌进行考察和回访。此次访问后,义乌市政府和布加勒斯特二区政府签署了友好交流协议书,义乌市与布加勒斯特二区正式成为"友好交流城市",共同致力于促进两地政府部门、商业机构及企业之间的交流,进一步密切双方的经贸往来,同时在贸易、投资、工业、旅游、文化及教育等多领域开展友好合作,推动共同发展。

2017年5月,罗马尼亚苗韦尼市市长伊昂·杰奥杰斯库率领代表团对浙江金华、东阳和义乌等进行考察和交流,其间,金华市与苗韦尼市签订友好交流城市协定。两市将在汽车零部件制造、新能源汽车生产等方面有进一步合作的可能性。

2016年11月,由"一带一路"智库合作联盟、中国人民大学重阳金融研究院与义乌市人民政府联合主办的"2016中国(义乌)丝绸之路经济带城市国际论坛"在浙江义乌举行,吸引了"一带一路"沿线四国前政要及外交使节、城市代表、专家学者、商界人士近400人出席。罗马尼亚布加勒斯特二区副区长丹·克里斯蒂安·波佩斯库出席并发表演讲。他表示,罗马尼亚全国的公民都非常喜欢从中国进口的货物,尤其是从义乌进口的小商品。这些商品在布加勒斯特市最大的商业中心都可以找到,并分销到其他地区,他们在这里出口和转售这些商品,并期望和中国人民、中国政府及来自义乌的市长和他所代表的义乌市进行良好的合作。

由于义乌商品城的国际发散型贸易方式和强劲增长力,2016年的"一带一路"国际贸易潜力支点城市评价中,义乌市名列第三,且表现突出,国际贸易增长速度高出全国及平均水平数十个百分点,起到了明显的示范作用。

义乌与罗马尼亚之间的经贸人员往来越来越频繁。据义乌出入境管理局统计,2017年,罗马尼亚公民临时入境义乌1414人次,签发居留许可2人次。同年,义乌对罗马尼亚的进出口贸易总额将近2亿美元,并设立外商投资合伙企业1家、常驻代表机构6家。

义新欧铁路和班列的开通及常态化运行,为浙江和中东欧之间的经贸发展和物流运输起到了重要的依托作用。义新欧班列从中国义乌出发,经新疆阿拉山口口岸出境,途经哈萨克斯坦、俄罗斯、白俄罗斯、波兰、德国、法国,历时21天,最终抵达西班牙首都马德里。这条铁路线全长13000多公里,是目前所有中欧铁路中最长的一条。截至2017年,义新欧铁路已开通9条运输线路,沿线设立4个分支机构、8个海外仓和5个物流分拨中心,实现常态化运营。浙江到罗马尼亚的货物可以通过义新欧铁路运输到东欧国家波兰,卸货后通过铁路联运,运往罗马尼亚。

在义乌和罗马尼亚红龙市场的商品贸易带动下,其经贸范围辐射到浙江省内其余地区和浙江周边地区。如义新欧班列集聚了浙江、上海、广东、安徽、江苏等8省市货源,涵盖日用小商品、服装、箱包、五金工具等近2000种中国制造商品。2013

年,桐乡市利用本地的羊毛衫、皮草、皮革、家纺等享誉中外的资源,和中罗红龙市场签订战略合作协议,为浙江的针纺织品走向欧洲市场提供了一个"走出去"的通道。2016年永康五金城(欧洲)商品展贸中心的设立,为中国五金企业提供了"走出去"的平台,也为中东欧国家企业提供了寻找合作企业和资金的便利途径。

中罗大港共筑"海丝之路"

宁波是海上丝绸之路的重要起点和"活化石"城市,拥有优越的地理位置和深水码头,作为国际港口贸易和物流城市,宁波"书藏古今,港通天下"。宁波港,是太平洋西岸的全球首个"九亿吨"大港,对接"一带一路"的条件得天独厚,已逐渐成为"16＋1"合作的地方样板,连续5届中国—中东欧国家投资贸易博览会在宁波召开,2017年《布达佩斯纲要》明确在宁波设立"16＋1"经贸合作示范区,建立"16＋1"国家贸易便利化国检试验区。近年来,随着宁波市与中东欧国家经贸文化交流的日益深入,罗马尼亚与宁波的双向投资和贸易量快速增长。截至2017年8月底,罗马尼亚在宁波累计批准外商投资企业项目12个,合同外资2097万美元;宁波累计批准在罗马尼亚投资的企业和机构16家,核准中方投资额5297万美元。

罗马尼亚康斯坦察港,是黑海第一大港,年吞吐量约1亿吨,被认为是西欧发达国家和中东欧新兴市场间的货物中转站。运至康港的货物可以通过多瑙河或公路网络联运到其他国家。康港码头总长度超过29公里,水深达19米,最多可停靠22万吨位的散装货船和16.5万吨的油轮。

宁波港和康斯坦察港这两个港口所连接的这条"宁康海丝之路",在"一带一路"建设中发挥着巨大的影响力和发散力。两个港口所在的城市之间的交流和合作必然围绕着港口物流和园区建设等方面而展开。

　　相比空运和铁路运输,海运虽然运输时间较长,但成本最低,对一些大宗而时间要求不是很高的物流来说,是一个不错的选择。尤其对于在浙江和罗马尼亚之间运输货物的客户来说,采用海运方式具有更多的优势。一般来说,浙江的货物从宁波经海运到罗马尼亚康斯坦察港,时间是1个月。如果走义新欧铁路,需约15天到达波兰,然后进行卸货转运,最后到达罗马尼亚的时间总共约25天。所以,浙江和罗马尼亚之间的货物运输最理想的选择是海运。而且,承接宁波港运输业务的国际物流公司多,客户可选择价格公道、服务优质的运输公司。多数公司目前都提供海运、物流配送、进出口通关、仓储、拖卡等一条龙服务。

　　近年来,宁波与罗马尼亚及中东欧地区的交流和投资合作呈现出量大势猛的特点。2014年6月,宁波市与克鲁日-纳波卡市已建立友好交流关系。2015年,宁波出台《关于加强与中东欧国家全面合作的若干意见》,每年安排专项资金,推动贸易和投资"双轮驱动"。2015年9月23日,中国(宁波)—罗马尼亚投资论坛在布加勒斯特成功举办。此次论坛由罗马尼亚外资署与中国宁波市政府联合主办,中国驻罗马尼亚大使馆协办,共有来自中罗两国政府部门、企业界代表近200人参加。论坛举办期间,宁波市商委与罗马尼亚投资署签订合作谅解备忘录,宁波汽车零部件生产企业与罗马尼亚企业签署投资合作意向书。

　　为推动宁波与罗马尼亚经贸合作的全面深化,2017年10月,"2017欧洲·宁波周"开启。这一年的"欧洲·宁波周"主场活动之一是在罗马尼亚康斯坦察市进行中国(宁波)—罗马尼亚港口物流与产业合作洽谈会,宁波市和康斯坦察市签订友好关系协议,以进一步推动宁波与罗马尼亚在港口、物流等产业方面的交流合作。

2018 年 4 月,由宁波市商委韩隽副主任带队的宁波市经贸代表团组织了 20 余名企业家访问罗马尼亚。代表团实地考察了康斯坦察港物流园区和布拉索夫工业园区,深入了解在罗投资机会。同时,代表团与罗工商会共同主办了企业对接洽谈会。在会上,韩主任推介了中国—中东欧国家投资贸易博览会,双方企业就建立合作关系进行交流。

2015 年起宁波便成为每年一次的中国—中东欧国家投资贸易博览会的主办城市,每年的博览会活动丰富,成果丰硕。2017 年的博览会期间,全国首个以贸易便利化为主题的国检试验区(中国—中东欧国家贸易便利化国检试验区)在宁波授牌;罗马尼亚工商联浙江办事处入驻宁波鄞州庆安会馆的中国—中东欧国家商协会商务合作宁波联络处,这是鄞州区、宁波市与罗马尼亚经贸往来的桥梁和驿站;中罗两国签订教育合作项目协议,罗马尼亚中国艺术合作中心及教育交流中心正式揭牌。宁波市市长裘东耀于 2017 年 6 月 8 日在"2017 中国—中东欧市长论坛"上表示,宁波是记载古丝绸之路历史的"活化石",当前正加快建设国际港口名城、努力打造东方文明之都,将大力推进与"一带一路"沿线特别是中东欧国家城市更加广泛深入的交流合作。为推动中国与中东欧国家之间的合作交流,建议各城市间以互利共赢为目标,以政策协调为重点,以项目平台为抓手,以民间交往为桥梁,以互学互鉴为纽带,全面推动各领域交流与合作。2017 年 6 月 10 日,宁波市副市长李关定与罗马尼亚营商环境、贸易和企业部国务秘书斯特利卡·弗杜雷亚举行会谈。李关定表示,宁波与罗马尼亚等中东欧国家合作潜力巨大。仅 2017 年前 4 个月,宁波对罗马尼亚进出口5600 万美元,增长 3.8%;罗马尼亚在宁波累计批准投资项目近 2100 万美元。双方经贸合作态势良好,未来合作空间广阔,期待双方通过博览会积极协调,携手推进宁波与罗马尼亚的经贸产业合作。罗马尼亚最大海港康斯坦察港是黑海第一大港,也是宁波的商品进入中东欧的便捷通道,两港合作对推进宁波与中东欧合作具有战略意义。希望宁波—舟山港和康斯坦察港加强港口合作,进一步拓展港口管理、集疏运网络建设和产业合作,共同推进双方精诚合作,使其成为中国与中东欧合作乃至"一带一路"建设的典范。

2017 年的中国—中东欧博览会上,宁波港龙物流携手罗马尼亚帝加农业,投资 2000 万元,在罗马尼亚米济尔市投资绿色有机农畜产业链开发项目。该项目是将国内相对成熟的养殖种植技术与罗马尼亚优质天然农业土地资源相结合,在罗马尼亚建立的一条绿色有机农畜产品种植、养殖、加工、销售的完整产业链,然后再通过冷链物流从宁波口岸进口到中国市场进行销售。从走出去到引进来,利用宁波的平台优势,该项目实现了从生产到销售的完美闭环。另外,宁波华翔、均胜集团等在罗马尼亚建立汽配生产工厂;尤利卡等宁波太阳能设备生产企业在罗马尼亚开展太阳能电站建设;宁波平瑞贸易有限公司在罗马尼亚投资开发城市花园房地产项目。多种数据表明,罗马尼亚及其所在的中东欧区域近年来成为宁波企业新的增长点。

宁波与罗马尼亚的教育交流和合作呈现稳步发展的良好态势。2016 年 4 月,在中罗教育行政部门的支持和指导下,两地学校共同完成了《中罗(德瓦)国际艺术中学组建方案》。同年 6 月,罗马尼亚教育代表赴宁波参加第三届"宁波·中东欧"教育合作交流会,双方签署合作协议,决定建立合作艺术高中。同年 10 月,中罗(德瓦)艺术高中项目在罗马尼亚德瓦市正式启动。中罗(德瓦)国际艺术学校是经罗马尼亚胡内多阿拉县教育厅和宁波市教育局批准,两国教育部备案,由宁波外事学校与罗马尼亚德瓦艺术中学合作举办的中罗合作办学机构,是宁波教育响应"走出去"战略的重要举措,也是全国中职学校境外办学的首次尝试。宁波外事学校相继派出音乐、舞蹈、汉语等多名教师到中罗(德瓦)国际艺术中学任教,在当地掀起一阵阵"中国热"。2017 年 6 月,罗马尼亚胡内多拉县议会副主席索伦·安德瑞安·瓦斯勒斯库率访问团参加中国宁波—中东欧国家教育合作交流会。会上,"宁波市—德瓦市艺术教育合作中心"和"宁波市—胡内多拉县教育交流中心"两个合作中心正式揭牌,并与海伦钢琴股份有限公司、宁波奉化市亚历电机有限公司签署捐赠协议,从教育交流走向经贸合作。至此,宁波与罗马尼亚的教育合作项目主要有中罗(德瓦)国际艺术学校、宁波市—德瓦市艺术教育合作中心、宁波市—胡内多拉县教育交流中心等。2018 年 1 月,宁波市副市长许亚南在会见来访的罗马尼亚胡内多拉县议会主席鲍勃拉一行时表示,今后将不断完善双方合作机制,持续推进教育领域的合作,探索在医疗、经贸、文化等方面的交流。鲍勃拉说,宁波的先进教育理念、智能教育程度让人震撼,要将这些理念、产品及时引进胡内多拉县,将进一步办好中罗(德瓦)国际艺术学校,在现有办学基础上开展更深层次交流,并尝试在高等教育方面进行合作。鲍勃拉主席还表达了在中医、经贸、旅游、文化等领域开展合作的意愿,促进共同繁荣。

2018 年 6 月的中国—中东欧国家投资贸易博览会上,"三会"合开,即第四届中国—中东欧国家投资贸易博览会(简称中国—中东欧博览会)、第十七届中国国际日用消费品博览会(简称消博会)和由浙江省人民政府主办的第二十届中国浙江投资贸易洽谈会(简称浙洽会)。"三会"的重要活动中,浙江省委书记车俊、省长袁家军，宁波市委书记郑栅洁、市长裘东耀等省市重要领导均有出席。罗马尼亚前总理、克鲁日-纳波卡市市长埃米尔·博克出席。2 万余名境内外嘉宾和客商云集宁波，吸引了 5 万余人次进场馆参观、洽谈、购物。2018 年的罗马尼亚展馆设在会场显眼位置，宽敞大气，罗马尼亚传统美食和葡萄酒引得宾客驻足品尝和购买。展馆的主推产品为罗马尼亚国宝级品牌化妆品——婕柔薇达（Gerovital），据称是世界上第一个抗衰老药妆品牌，具有 100 多年的历史，在罗马尼亚境内主要供皇室使用。许多宾客慕名而来，在展台前咨询和购买的顾客有来自各国驻华大使馆的，有在展馆的工作人员，更多的是来自宁波和周边城市的市民。

罗马尼亚展馆的莱卡斯葡萄酒展台

罗马尼亚展馆的婕柔薇达化妆品展台

2018 年 6 月 8 日,也就是在中国—中东欧博览会期间,2018 中国—中东欧国家市长论坛也在宁波举行。宁波市委副书记、市长裘东耀表示,宁波正努力推进"16＋1"经贸合作示范区和贸易便利化国检试验区建设,致力于将宁波打造成为中东欧商品进口、投资合作和人文交流的首选地。除了期待在制造、农业等领域扩大合作,罗马尼亚前总理、克鲁日-纳波卡市市长埃米尔·博克还将目光投向了中国蓬勃发展的互联网产业,他希望罗马尼亚与中国的企业能在信息经济领域开展深度交流。"近年来,欧盟不断加快'数字欧洲'建设,中国也在互联网领域不断发力。"埃米尔·博克表示,中国正成为国际领先的"数字国家",希望罗马尼亚和中国能不断加强对接,共同发展数字产业,通过繁荣电子商务市场减少贸易壁垒,创造更多工作机会。

企业方面的合作近年来也取得众多成果。2015 年宁波华翔出资 3420 万欧元(折合人民币 2.74 亿元)完成了收购德

HIB Trim 公司的股权交割，HIB Trim 在罗马尼亚建有制造基地，拥有员工 1350 多人。2016 年华翔公司与该制造公司签署增资 3000 万美元合同，在罗马尼亚布拉索夫投建新的汽车配饰工厂。新厂于 2017 年第一季度开工，2019 年完工，可为罗马尼亚提供 265 个就业岗位。

　　宁波市良好的国际投资环境和政策及高效的办事风格，吸引了不少海外人士在这里投资甚至安家。来自罗马尼亚的女博士席梦娜就是其中的一个例子。席梦娜是英国伦敦大学、哥伦比亚大学和罗马尼亚加勒斯特大学的教授，在好几个国际教育组织担任专家组成员。2016 年，作为国际优秀教育学和心理学专家，她受邀到江西科技大学完成一个科研项目。"那时候对中国一点也不了解，决定来中国时还有点不安，家里人也并不支持。"席梦娜坦言，当时只打算在中国待两三个月，完成课题就回国。没想到这一待就是两年，现在还打算在宁波创业成家了。说起在宁波的创业经历，席梦娜的话里显示出学者的敏锐力和商人的魄力，她说："做课题的时候，我发现中国教育领域的市场需求非常大。今年 4 月我决定在中国创业，就开始在网上搜索针对外国人创业的政策，这才知道宁波这个城市，发现宁波在这方面非常有优势。"她了解到宁波在积极推进"16＋1"经贸合作示范区建设，和中东欧 16 国在加强经贸、人文交流方面的政策力度很大。"5 月份，我和中国的合伙人一起和相关政府部门洽谈，感觉非常好，马上就决定把公司落户在宁波了。"6 月，宁波领维文化交流有限公司成立，进驻宁波中东欧青年创业中心。她希望利用她的专业特长，为宁波、浙江乃至全中国在教育改革方面提供政策咨询并培养一批教师和教育管理人才，帮助学校应用教育改革的创新型成果，如目前在欧洲和北美已非常成熟而在中国刚刚兴起的 STEM（科学、技术、工程、数学)研究和应用。

2018年7月在保加利亚首都索非亚发布的《索非亚纲要》中,也有好几项提到浙江的杭州和宁波,如在深化经贸投资、互联互通领域务实合作中决定2019年第五届中国—中东欧国家投资贸易博览会在宁波举行。同时,落实2017年《布达佩斯纲要》中计划的2018年9月在杭州举行第二届"16+1"非物质文化遗产保护专家级论坛;10月在杭州举行首届"16+1"图书馆联盟馆长论坛;同时拓展人文交流,落实《中国—中东欧国家文化合作杭州宣言》。浙江与中东欧、罗马尼亚的接触会越来越频繁,合作会更丰富、更深入。

克鲁日的孔子文化传播者

2009 年,在浙江科技学院和罗马尼亚克鲁日巴比什-波雅依(UBB)大学(简称波雅依大学)的共同努力下,经批准,两校合作共建的克鲁日孔子学院正式落成并开始招生。浙江科技学院冯少中为孔子学院首任中方院长,潘飞为第二任中方院长,夏俊锁为第三任中方院长。学校每年派出教师去罗马尼亚担任汉语教师,本书编著者韩晓亚老师也是其中之一。她于 2010 年被派往罗马尼亚,在胡内多阿拉市进行了为期三年的汉语教学和中国文化推广。

经过 9 年的建设,克鲁日孔子学院已具备了一定的规模,学员不断增加,得到了当地罗马尼亚人的承认和称赞,也得到了中国国家汉办的肯定。据第三任中方院长夏俊锁介绍,2017年克鲁日孔子学院又成功在特兰西瓦尼亚北部马雷-姆勒斯省(Maremures)和西北部比豪尔省(Bihor)开设了两个教学点,进行汉语教学和汉文化传播;至此,克鲁日孔子学院完成了在特兰西瓦尼亚地区南部、东部、西部、北部和中部的布局,实现了克鲁日孔子学院在特兰西瓦尼亚地区的全覆盖。2017 年在 11个城市开设汉语课程,孔子课堂 4 个,教学班级 176 个,注册学员达到 2723 人,汉语教师 18 人,其中中国外派教师 4 人,志愿者教师 14 人。另有 2 名罗马尼亚本土汉语教师。2017 年参加汉语水平考试的人数大幅增加,达到 445 人,同比增长256.8%,通过率达到 87.2%。更为可喜的是,罗马尼亚教育部门将汉语纳入国民教育体系,作为第二外语,可以在马雷-姆勒斯省两所中学尼古拉-越尔加中学(Nicolae Iorga)和乔治-科斯伯格中学(George Cosbuc)享受与德语、法语、西班牙语和意大利语同等权利。这意味着汉语在罗马尼亚教育体系中的重要性有了重大突破,也体现了罗马尼亚教育部门对克鲁日孔子学院的汉语教学的充分肯定和对中国文化的接纳。

克鲁日孔子学院开设了汉语初级班、汉语中级班、太极拳课程、中国书法课程、大学中文专业课程、汉语作为第二外语的学分选修课程、中学生中文课程和中国文明及文化课程等。使用的教材有《新实用汉语》《当代中文》《跟我学汉语》《汉罗交际语言基础》《长城汉语》《体验汉语》《快乐汉语》《汉语乐园》《HSK 教程》《博雅汉语》等。

除了汉语课堂教学,克鲁日孔子学院还组织了各种丰富多彩的文化活动,吸引当地人民更多地了解中国文化,仅 2017 年组织的各种活动和讲座就有 35 次,参加人数超过 15000 人。主要活动有克鲁日故事节、春节文艺晚会、孔子学院日活动、中小学生秋季义卖活动、茶文化节活动、中国围棋比赛、汉字大赛、克鲁日城市周、多元文化周、阿拉德城市周、图片展览、太极日活动、定期举办的中国文化讲座等。其中的一些重大活动,如孔子学院日活动、克鲁日城市周等已成为学院的传统活动,每年都会吸引众多市民参加;阿拉德孔子课堂揭牌仪式得到所在省的省长、议会副主席、省学监总局(即教育厅)负责人和市长等领导的重视,并亲自参加。

克鲁日孔子学院的规范管理、创新教学和学生的努力学习,使学生们在学习汉语的过程中,不仅汉语能力得到大大提高,而且对中国文化有了更深的理解。他们的勤奋也得到了孔子学院总部的表彰和奖学金资助。克鲁日孔子学院每年都会

2017 年克鲁日孔子学院日活动

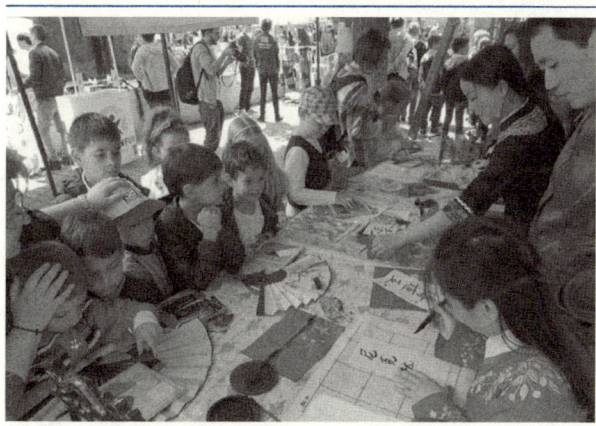

2018 年克鲁日孔子学院多元文化城市周活动

向孔子学院总部推荐奖学金生。2017 年推荐了 6 名一学期孔子学院奖学金生、12 名一学年奖学金生、2 名汉语国际教育硕士奖学金生,还推荐了 2 名中国政府奖学金生,赴中国学习。这些奖学金措施大大促进了罗马尼亚学生的汉语学习热情。学生在"汉语桥"比赛中成绩突出,每年都获得优秀的成绩。

2017 年的"汉语桥"世界大学生比赛罗马尼亚赛区选拔赛中,克鲁日孔子学院总共派出 5 名选手,其中的 2 名选手在所有 20 名选手中获得第三和第四名。同年的"汉语桥"世界中学生比赛罗马尼亚赛区选拔赛中,克鲁日派出的 4 名中学生获得优异成绩,1 人获特等奖,3 人获三等奖。

随着汉语能力的提高和对中国文化兴趣的日益浓厚,越来越多的学生萌生了到中国学习和考察的热情。每年,孔子学院都会精心组织学生参加夏令营活动,到中国亲身体验中国文化。2017 年,克鲁日孔子学院有 31 名学生参加夏令营活动,杭州美丽的景色、神奇的西湖传说、热情善良的市民和深厚的历史文化给他们留下了深刻的印象。浙江科技学院和 UBB 大学每年还会开展半年至一年的交换学习项目,两校各有 5 名学生到对方学校进行学习和交流。

除了孔子学院的常规性活动以外,克鲁日孔子学院在建立以来的 9 年时间里还组织过多次大型的重要活动,推动了校际、城际甚至国际交流和合作,扩大了浙江科技学院、杭州和中国在罗马尼亚的影响力。2011 年 4 月,正在罗马尼亚正式访问的中共中央政治局常委李长春在布加勒斯特总理府会见了罗马尼亚副总理马尔科·贝洛,并出席了两国有关经贸、文化、教育合作协定的签字仪式。在他们的见证下,孔子学院中方院长冯少中和罗方院长 Zoicas 代表克鲁日大学出版社与中国浙江出版联合集团签署了双方合作出版图书的战略合作框架协议,与浙江教育出版社签署了出版汉罗分类词典的合作协议。2012 年第三届"魅力中国"知识竞赛由中国驻罗马尼亚大使馆主办,克鲁日孔子学院承办,罗马尼亚总理蓬塔出席并致辞,前总统伊利埃斯库,众议院主席,文化部、财务部、交通部等多位部长及 600 多位政要与商界名人应邀出席。中国驻罗马尼亚大使霍玉珍等为知识竞赛获奖者颁奖。罗马尼亚国家电视台等 10 多家主流媒体对此活动进行报道。

2013 年 10 月，在中罗建交 64 周年庆典暨浙江科技学院海外校友日活动中，克鲁日孔子学院主办了文艺会演活动。在中方院长冯少中的精心策划和安排下，活动邀请到了克鲁日县县长 Gheorghe Vuscan、UBB 大学评议会主席 Ioan Chirila、中国驻罗马尼亚大使馆教育处负责人卞正东先生、克鲁日市市长代表，并先后致辞；还请到了 UBB 大学副校长、罗马尼亚针灸协会主席、克鲁日县罗中友好协会主席、罗马尼亚锡比乌孔院院长、布拉索夫孔院院长等重要嘉宾。浙江科技学院大学生艺术团、宁波外事学校师生代表团、罗马尼亚德瓦艺术中学及克鲁日孔院师生联合参加表演，向观众呈现了歌曲、舞蹈、武术、太极、魔术、戏曲、民乐演奏等丰富多彩的节目。文艺会演当日上午，浙江科技学院国际教育学院代表做了主题为"中国文化与浙江科技学院介绍"的报告，与浙江科技学院罗籍校友、UBB 大学中文系学生等展开了气氛热烈的互动交流。此次文艺会演活动在克鲁日当地引起很大反响，许多市民与学生在参加活动后对中国文化与艺术赞不绝口，也对学习汉语与赴华留学产生了兴趣，不仅进一步促进了中国文化在罗马尼亚的传播，而且加深了中罗两国人民的深厚友谊。

孔子学院在克鲁日的成功运行，得到了合作院校的大力赞赏，也因此有了更多层面的合作和交流。合作双方院校领导多次进行互访，对孔子学院的建设及延伸拓展至其他领域的合作进行探讨和交流。2015 年，UBB 大学与浙江科技学院就硕士合作培养项目达成协议，实现了浙江科技学院的汉语国际教育专业在国外办学的目标，为中国高等教育国际化添上了亮丽的一笔。

　　克鲁日孔子学院的丰富活动多次被罗马尼亚当地媒体和中国的新华社、《中国日报》、《浙江日报》等主流媒体关注。孔子学院的活动表现得到了国家汉办和罗马尼亚教育部等部门的褒奖。2017年克鲁日孔子学院1名教师和5名学生获得中国驻罗马尼亚大使馆颁发的中国大使奖学金。国家汉办主任许琳评价克鲁日孔子学院"是欧洲乃至世界上最好的孔子学院之一"。2010年冯少中被评为"全球孔子学院先进个人";2011年克鲁日孔子学院被评为"2011年全球先进孔子学院"。2013年2月,罗马尼亚中国之家2012年风云人物颁奖仪式上,冯少中被授予发展罗中文化交流特别贡献奖。

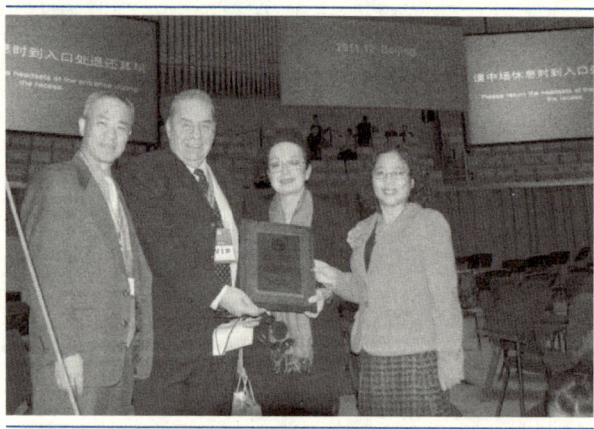

2011年全球先进孔子学院颁奖现场（右一为冯少中）

异乡感语

随着中罗经贸、教育、文化等各方面交流的不断深入,双方来往的机会大大增加。近些年来,从罗马尼亚来中国工作、学习和生活的人数陆续增加。从我们的调查来看,近些年生活在浙江的罗马尼亚人多数是高校学生,比如浙江科技学院目前就有十几位罗马尼亚留学生。这主要是因为浙江科技学院在罗马尼亚的孔子学院获得了罗国当地人的认可,很多人被中国悠久的历史文化、快速的经济发展和在国际上不断提升的政治与经济地位吸引,愿意到中国亲眼看一看神奇的国度、美丽富饶的浙江,感受丰富多彩的中华文化,学习世界上最多人说的语言——汉语。当然也还有其他如在中国工作的、经商的、旅游的,也有与中国人结婚打算一辈子生活在中国的。

那么,这些来到浙江的罗马尼亚人是如何看待浙江的呢?同时,那些生活在罗马尼亚的浙江人对那里又有怎样的特殊情怀呢?通过网络搜索,我们找到了一些有趣的例子。

罗马尼亚人李一(中文名),今年43岁,现在生活在温州瑞安安阳,能说一口地道的瑞安话。她的丈夫李建欧比她大11岁,他们是20年前在罗马尼亚相识相爱并结婚的。李建欧于1994年到罗马尼亚布加勒斯特欧罗巴市场做生意,因为生意忙,他就招当地人当助手,可是接连十几个都没有一个让他满意的。直到遇到了李一,他才算找到了满意的助手,因为李一勤快、诚实又能干。两人日久生情,于1998年结婚。2002年,李建欧带着李一回到温州定居。由于李一的聪慧和好学,到瑞安不久她便说得一口流利的瑞安话。她说她喜欢中国的饮食,对中国的文化习俗也能接受,所以现在她就是一个地地道道的瑞安人。

也有一些 80 后、90 后或者更年轻的从浙江到罗马尼亚生活的二代华侨,甚至也有在罗马尼亚出生的小华侨。以前红龙商户都生活在自己的圈子里面,很多家庭产业都在罗马尼亚,所以子女也相继到罗马尼亚生活。贝江华就是二代华侨之一。2008 年,他跟随父母来到罗马尼亚,现在能说一口流利的罗马尼亚语。他说,看到罗马尼亚人有一种天然的亲近感,和中国人在生活习俗方面有很多相似处,甚至还有一些与中国类似的谚语。如今,贝江华是中国 CR 国际联盟欧洲事业中心项目运营部经理,已经在当地娶妻生子,他把罗马尼亚当成了自己的"第二故乡"。他说,罗马尼亚人工费是全欧洲最低的,但他们的受教育程度较高。众所周知,德国的人工费非常高,中餐馆里工作的大多是来自中国的小夫妻,或者是聘请的中国留学生。而罗马尼亚不一样,中餐馆里工作的都是当地人。不同于第一代华人埋头苦干做生意,第二代华人已开始融入罗马尼亚人的圈子,跟罗马尼亚孩子一起接受教育,一起成长,长大后很多选择去西欧接受高等教育。

同时笔者也对目前在中国或浙江生活学习的罗马尼亚人和在罗马尼亚工作的浙江人进行了采访,以下是根据被采访者的回答进行整理的记录。

我的中国印象（爱丽丝）

我来自罗马尼亚 Targu Securiesc 小镇,大学期间在克鲁日-纳波卡市读书。

在我的家乡只有两个中国人，他们开着一家小商店。可能是因为语言不通，他们不与镇上的人交朋友，即便我跟他们说中文，他们似乎也不愿和我多说话。所以我的印象中，中国人是不太友好的。在克鲁日-纳波卡市，中国人会比较多，主要是因为那里有孔子学院，那里有中国老师和学生，也有其他人在那里开店或工作。

罗马尼亚人来中国，主要是以学生的身份，因为有许多获得奖学金的机会。大学本科期间我就到中国来学习过，毕业后我决定再次来这里攻读硕士学位，所以我现在是浙江科技学院对外汉语国际教学专业硕士生。

来到中国前，我对浙江一无所知，对中国城市的了解只限于上海和北京。只是听人说浙江，尤其杭州是非常漂亮富裕的大城市，是人间天堂。

来到中国后，我对中国的印象有了很大改变，因为我认识了许多中国人，开始理解他们的生活。中国人勤奋，友好，有良好传统。但是，我也有一些糟糕的经历，比如公交车上的拥挤推搡，比如人们总是用好奇的眼光看我们。

中国的教育和罗马尼亚的教育在许多方面是有区别的。在罗马尼亚，实践和经历非常重要，招聘单位非常看重这个。所以在硕士或博士攻读期间，课程成绩相对会次要些，而实习或全职的工作却是必需的。而中国高校似乎更看重课堂到课率，这让我有些不适应。每门课都有课后作业，这在罗马尼亚是不可能的。还有一点不同的是，中国学校会要求学生去参加大量的讲座，但罗马尼亚学校不会。

我认为亚洲和欧洲在很多方面都是不同的，饮食习惯、生活方式等，都不一样。比如，中国人非常注重面子，因此从外表看，建筑物都很漂亮，但是罗马尼亚人的住房无论在外部和内部都布置得非常漂亮,有美丽的花园可以享受。

我在中国学会了很多（艾妮可）

我来自罗马尼亚,是匈牙利族人。我在罗马尼亚东北部的一个小镇长大。五年前我高中即将毕业时,我和父母一起讨论去哪里继续学习。我曾考虑过学习匈牙利语言文学,但是我又想学一门新的语言。我一直在思考这个问题,突然我父亲说:"你去学汉语吧！中国现在发展很快,如果你汉语学好了,以后一定能找个好工作。而且你也喜欢那种象形文字,所以你一定能学好的。"听父亲这么一说,我立即兴奋起来,这是很不错的主意。不久,我就开始爱上了汉语,后来还来到了中国,来到了杭州。刚到杭州时,我觉得挺难适应的,即使这里有许多来自罗马尼亚的学生,有些甚至在离开罗马尼亚之前就已经是朋友,但来到中国后我们看到的依然是两个国家之间的区别。有些差别实在是太大了。

这些差异有好的一面也有不好的一面,但是我觉得,每个欧洲人应该至少来中国一次,把自己沉浸在一种完全不同的语言和文化中。在中国,我发现很多人似乎时刻都在忙着用手机,有时会看到有人在公交车上推推搡搡、排队时插队、公共场合大喊大叫、开车按喇叭等等在欧洲看不到的一些事情。在这一点上,中国人需要有点耐心。因为我长着一张外国人的脸,所以在中国过了一把明星瘾,在大街上总会被人拦住要求一起合影。很有趣！我也看到有些外国人长着一张很像中国人的脸,但是边上又带着中文翻译,所以我很好奇,后来我才明白,这些人是美国籍华裔,他们的祖先是中国人,他们到中国是来寻根。

我喜爱中国的热闹、中国的文化和美食。在和中国人的不断交流中,我了解到他们的历史,那是和欧洲完全不同的。我也在公交车上被人推过、挤过,有时候也会感到孤独,但是正是这一些,使我明白了人类交流的力量,我也学会了要更珍惜我的朋友和家人。中国人让我学会了与陌生人交往,学到了一些我在罗马尼亚学不到的东西。

在中国学习了一年半后,我回到罗马尼亚,我给家人和朋友讲各种在中国的见闻,他们都觉得很好奇。他们很想知道中国人的生活是怎样的,对中国汉字也感到很好奇。

我觉得外国人在中国要找个工作很容易,因为似乎中国人总是在找英语教师。而对外国人来说,这是个轻松又钱多的工作。在欧洲,如果没有资历,就找不到好工作。但是在中国,每个外国人都可以做英语教师,所以很多留学生能挣很多钱。在杭州,一个留学生任英语教师的薪水是罗马尼亚英语教师薪水的3—4倍。我的计划是努力学好汉语,在中国生活和工作,直到我觉得我应该离开这里。但是我也可能会在世界的其他地方,可能在中国,可能在欧洲,寻找一份和汉语有关的工作,然后继续前进。

友善的罗马尼亚人（石教旺）

关于近两年的罗马尼亚工作和生活,我最难忘的还是罗马尼亚的人。那里的基础设施也许有点陈旧、老化和落后,没有像国内那样日新月异的城市建设和蓬勃发展的经济,也鲜有世界级的旅游胜地和辉煌灿烂的历史遗迹,但我所接触到的罗马尼亚人,从学生到老师、校长,从记者到图书管理员,从职员到企业主,从普通农人、企业退休人员到市长等等,他们的那份友善常常令人感动。

有路遇吉卜赛几岁小孩在街的另一边竟会喊"ni hao"的;

有在火车上前一刻素不相识,下一刻便邀请品尝自家酿制的葡萄酒和点心的;有在公园里刚碰到,上一刻用手比画着交流,下一刻去沽酒邀请对饮的;偶尔还有同一天接到两家邀请,拜访了一家转到另一家的;还有在朋友家认识了朋友的朋友便应邀前去朋友的朋友家做客的;还有今天刚在他们家吃了鱼便邀请明天还来吃家养兔子的;有驱车几十公里邀我一同体验罗马尼亚乡村生活的……

记得刚抵达即将要生活的小城没几天,应邀前去合作教师家里吃饭,因为对当地还不大熟悉,提早出了门,结果早半小时到了见面地点。边上有一个小型图书馆兼纪念馆,一圈铁栅栏,关着门。拦住一路人,问开不开放。答曰周日关门,但他可以帮忙喊喊里面的人。果然一身材不高、白发银须、安详平和的老者很友好地应声来为我开了门。他只会一点点英语。简单沟通后,我参观了几分钟,便道谢外出坐在满是落叶的长椅上等待。老者见我坐着,隔着铁栅栏凑上前来问:"coffee(咖啡)?"我摆摆手,感激地说:"谢谢,不用了。"几分钟后他竟然还是隔着铁栅栏递给我一杯咖啡,杯上写着"万寿无疆"几个繁体汉字,这下让我感到更亲切了。在秋日的暖阳中品味着来罗国的第一杯咖啡,心里满是温暖和感激。

第一次去造访当地图书馆时,在一楼楼道碰到一个满脸络腮胡子的工作人员,我用英语问有没有阅览室可以坐坐。他不懂,带着我问了几个工作人员,还是语言不通。接着带我走进二楼一个图书室,请我坐下来。我比画着用罗语单词表示我是中国人,他可能误解了我的意思,翻箱倒柜好不容易找了一本20世纪70年代从英文翻译成罗语的中国神话故事给我;不一会儿给我送来了杯咖啡,不一会儿又从别的藏室给我淘来了几本孔子、孟子、老子的书的罗语读本,不一会儿又给我送了杯水；不一会儿又用电脑翻译软件翻译了自己的自我介绍，并用手机拍了给我看，不一会儿又告诉我厕所在哪里，不一会儿又带我去对面正在准备开放的新馆一楼一楼地参观，再返回旧馆一个角落一个角落地参观，馆员一个一个地介绍。他的友善和敬业真是让人十分感动。

记得第一次去下面一个小城市上课，趁中午休息时间和校长一起去拜访市长。一进市政厅大门，一个女员工刚洗了葡萄，装在塑料袋里，便请我们品尝。道了谢，上楼去见市长。市长行伍出身，身材魁梧，和蔼可亲。寒暄一番后，他带我们俩去楼顶俯瞰全市，指指这里，又指指那里，我想，"指点江山"应该就是这样的吧？——不管江山大小。校长解释，市长去过中国，要学习中国大搞建设，我们都大笑。我说："要是可以，我投票支持你。"大家又乐了。校长还说每次有客人来访，市长总会领上楼去，指点江山一番，自豪之情溢于言表。之后，有次和校长一起带领学生外出去一个山庄包饺子，市长也来了，一口气吃了五个呢，直夸好吃。

……………

本人生活的罗马尼亚小城也许不富裕，也不发达，但人们的文化生活是多彩的，精神生活是丰富的，这也养成了他们优雅、恬淡、平和、友善的特质。

那段欧洲小国的奇妙经历（林宇帆）

在去罗马尼亚的波雅依大学学习之前，我对罗马尼亚这个国家的印象还停留在失败的欧洲国家上，觉得它不如隔壁的德国和匈牙利发展得好。在这次由浙江科技学院组织的交流项目中，我不仅在学业上有所提高，还改变了之前自己的认识。

刚到克鲁日的时候，受到了当地孔子学院老师和学长的照顾,还有志愿帮忙的罗马尼亚本地姑娘——麦琪,都给予我们很多关怀,使我们很快地适应了当地的生活。罗马尼亚属于欧元区,但是消费水平相对于英国等发达国家又低很多。我们平时有课的时候会选择在 fesega(经管学院)食堂吃饭,那里的土豆焗饭、大鸡腿和奶油蛋糕至今让我念念不忘。平时我们也经常自己做饭,因为从寝室穿过一个风景优美的大公园就是欧尚超市,购买食材很方便。学长和可爱的张老师经常招待我们吃特色的中国菜,自己做饺子、烙饼。平时大家一起相约周末游,一起去盐矿、布加勒斯特、布拉索夫,认识了很多友好的当地学生和朋友。

在课业方面,我是信息学院的学生,由于波雅依大学的校区分布在城市的各个角落,我每次上课乘 15 分钟的公交车到达一幢教堂式建筑。学院的教务处负责老师非常耐心和友好,帮我们一起挑选合适的课程,并允许我们进行课程试听。在其中一门软件维护课程上,教授不是很擅长说英文,但当他看到我,还是很抱歉地说以后都会用英文上课。这对我来说是一个很感动的举动,因为当着全班 200 多名学生的面,他公开向我道歉,并且保证以后每堂课的 PPT 他都会用英文重新做。在短短一学期的学习中,我感受到一所国外大学热情蓬勃的氛围,学校里的教授和同伴、同学都很积极友好,并且他们对学业的认真让我一个中国的大学生感到惊讶和佩服。

我们学校的孔子学院在波雅依大学很受本地学生的喜欢,我曾经在一次到文学院听课时遇到一个同学,他和我用不熟练的中文打招呼聊天,并且兴奋地告诉我他已经报名了孔子学院的课程学习中文。中文学习的流行也让一个出门在外的中国学生深感骄傲。希望我们学校可以把孔子学院越办越好,也希望在校的学弟学妹们可以积极参与这个交换项目,因为你会收获很多不一样的珍贵体验！

忆罗马尼亚（韩佳辰）

2015 年 7 月 17 日，伴随十几个小时的飞机旅程，我回到了祖国母亲的怀抱。清点一年来的酸甜苦辣，回忆滚滚而来，深感受益良多。

食——记得我到了那边刚下飞机，第一件事情就是找吃的。体会多的自然离不开东欧的特色饮食。干巴巴的咸味面包，各色香肠、熏肉、奶酪、沙拉、土豆组成了具有罗马尼亚特色的食谱。我的德国朋友告诉我，欧洲最好的烤肉在德国，但他来这里后发现有些烤肉甚至比德国的还棒一点。而对于我们这样感受了多年博大精深中华美食文化的人来说，吃多了那里的肉以后也确实感到了罗马尼亚饮食的特色。

此外，我还多次与几个当地人交流了厨艺。其间我们互相学习，我教他中文，他教我罗语，中间用英语交流，大大提升了口语能力。

学——我们去的城市克鲁日是罗马尼亚的一个大学城，历史悠久，生源复杂，有来自各国的学生，仅我所见过并且聊过天的就有德国人、法国人、意大利人、西班牙人、匈牙利人、挪威人、瑞典人、美国人、加拿大人、迪拜人、伊朗人、埃及人、摩洛哥人、比利时人、日本人、韩国人、巴西人、泰国人、马来西亚人、哈萨克斯坦人……

一个名不见经传、40 万左右人口的小城市里却能随时见到来自世界各地的学生，国际化程度已是相当高了。所以教育的国际化程度也非常好，我们的课程紧跟时代潮流，国际上流行 python，大一新生的编程课就会有 python。经管课上的学生来自世界各地，教师的授课形式多样，course、seminar、lab 一应俱全。我在那里学到了不少先进的知识，所选课程皆是高分结课。

游——当我拿了罗马尼亚的临时 ID（属于欧盟 ID）后，我就可以在罗马尼亚以南各国免签证旅游，我一个人走遍了塞尔维亚、克罗地亚、波黑、黑山、保加利亚等诸国，体验了南斯拉夫特有的风情，在地中海边尝试了鲨鱼肉，游览了美剧《冰与火之歌》君临城的取景地，在多瑙河边的餐厅品尝了多瑙河特有的炸鲤鱼，在罗马尼亚境内也游览了德古拉城堡等历史文化古迹。那是一段十分美好的回忆，遇到了很多可爱的人。

克鲁日学生众多，城中大大小小有几百个酒吧。我去过的就有几十个，差不多尝遍了各种风格的鸡尾酒，后来又喝了不少法国的红酒，口感一流，价格公道。说那是个十分好玩的地方，一点都不为过。

缘分似尽，意犹未尽，如若有幸，盼再尽兴。